이영숙

경남 하동의 작은 산골 마을에서 태어났다. 서른 명의 친구가 6년 동안 같은 반인 초등학교를 다니며 '사람이 그대로 자연'인 유년 시절을 보냈다. 경상국립대학교 한문학과를 졸업하고, 동대학에서 옥계(玉溪) 노진(盧禛, 1518~1578)을 연구하여 석사학위를 받았고, 회봉(晦峯) 하겸진(河謙鎭, 1870~1946)을 연구하여 박사학위를 받았다.

『선인들의 지리산유람록』 1-5를 공역하였으며, 한국학중앙연구원 토대연구사업인 '금강산유람록 번역 및 주해'사업에 전임연구원으로 참여하여 『금강산유람록』 1-10을 번역하였다. 한국국학진흥원 안동의 역사 인물문집 100선 사업에 참여하여 『북애선생문집』을 번역하였으며, 회봉 하겸진의 시선집 『회봉화도시선』 및 18세 소년의 임진왜란 종군기인 『용만분문록』을 번역하였다.

금강산 문학에 관심을 두어 『금강산유람록』 번역 자료를 바탕으로 「17세기 이전 금강산 유람의 경로 및 특징」, 「경로를 통한 금강산 유람의 변천고찰」, 「단계 김인섭의 금강산시 연구」 등의 논문을 발표하였다. 이 책은 이 논문에 수록된 내용을 바탕으로 작성된 글이다.

지금은 경상국립대학교 경남문화연구원 전임연구원으로 있으면서, 경상남도 문화재위원으로 활동하고 있다. 고문헌을 통해 선인들과 대화하며, 그들이 전하는 혜안(慧眼)에서 오늘을 살아갈 삶의 지혜를 찾고 위안을 얻고자 한다. 더 나아가 그렇게 찾은 귀한 글들에 세상이 공명(共鳴)하기를 바라며 고전에는 그런 힘이 있다고 믿는다.

치유인문컬렉션
―
11

금강산을 누워서 걷노라니

Collectio Humanitatis pro Sanatione XI

natúra

미다스북스

치유인문컬렉션 도서 목록

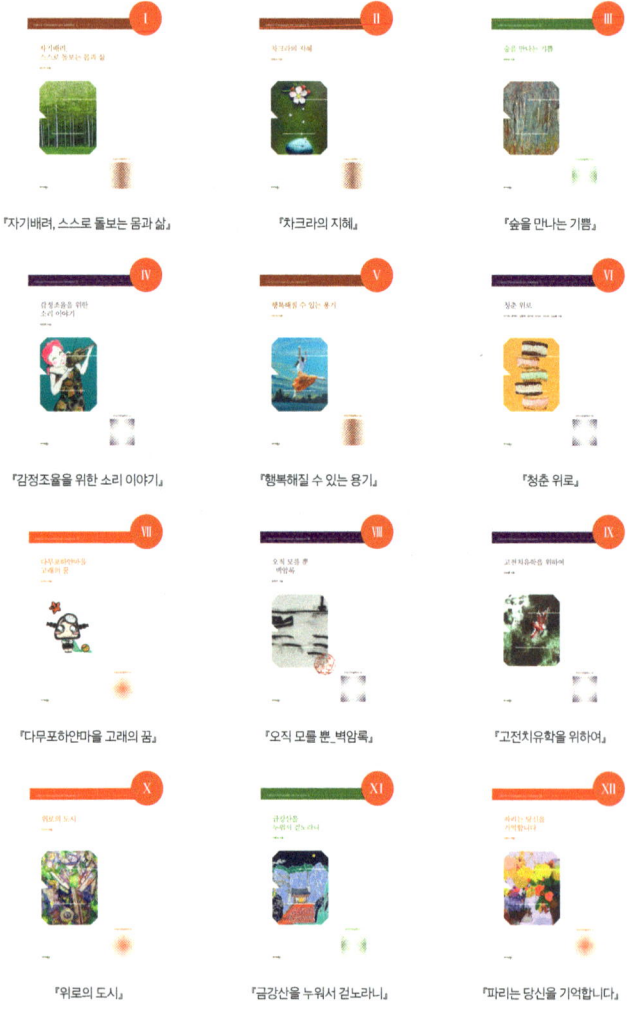

I 『자기배려, 스스로 돌보는 몸과 삶』

II 『차크라의 지혜』

III 『숲을 만나는 기쁨』

IV 『감정조율을 위한 소리 이야기』

V 『행복해질 수 있는 용기』

VI 『청춘 위로』

VII 『다무포하얀마을 고래의 꿈』

VIII 『오직 모를 뿐 벽암록』

IX 『고전치유학을 위하여』

X 『위로의 도시』

XI 『금강산을 누워서 걷노라니』

XII 『파리는 당신을 기억합니다』

* 콜렉티오 후마니타티스 프로 사나티오네(Collectio Humanitatis pro Sanatione)는 라틴어로 치유인문컬렉션이라는 뜻입니다. 세상의 상처를 치유하기 위해서는 인간이 만들어낸 모든 학문이 동원되어야 한다는 생각에서 출발합니다.

금강산...
이제 다시 갈 수 없는 곳이 된 그곳을
갈 수 있는 방법은 '와유' 밖에 없습니다.

봉우리, 암자, 골짜기 등 닿을 수 없는 그곳을
옛사람의 글을 통해 하나하나 안내받으며 가다 보면
우리는 어느새 금강산 비로봉에서 나는 듯한
신선이 되어 있을지도 모릅니다.

이 책의 제목에 '누워서 거닐다.'는 말을 써 보았습니다.

부지런히 열심히 다니는 여행이 아니라
어슬렁거리며 천천히 거니는 여행이 우리에겐 보다 치유적이지 않을까요?

목차

치유인문컬렉션을 기획하면서 존재와 치유, 그리고 인문 · 009
서문 책을 읽는 분들에게 · 016
들어가는 글 치유의 길, 금강산을 찾아 나서다 · 019

1. 두 갈래의 금강산 유람길

한양에서 금강산으로 향하는 첫 출발지 : 누원(樓院, 다락원) · 028
한양으로 넘나드는 고개 : 축석령(祝石嶺) · 030
국가의 비호를 받은 왕실 원찰(願刹)이었던 곳
: 회암사지(檜巖寺址) · 033
이백의 시구에서 이름이 만들어진 곳 : 백로주(白鷺洲) · 037
박순을 추모하며 시를 짓던 곳 : 창옥병(蒼玉屛) · 040
볏단을 쌓아 올린 듯한 기우제를 지내던 곳 : 화적연(禾積淵) · 043
정선의 진경산수화가 살아 있는 곳 : 삼부연(三釜淵)폭포 · 047
홍명구와 유림의 충정이 어린 곳 : 철원 충렬사지 · 051

2. 역사가 담긴 금강산의 권역들

지친 심신을 치유해 주는 권역: 내금강권 · 058
유람객의 숙식처가 되는 권역 : 외금강권 · 068
바다와 산이 공존하는 권역 : 삼일포·총석정권 · 088
황홀한 일출과 월출의 권역 : 낙산사·경포대권 · 096

3. 단계 김인섭의 금강산 유람기

금강산으로 유배 간 김인섭 · 115

금강산 일화를 담은 「금강음이십일절」 · 119

탁흥우의(托興寓意)를 통한 입도(入道)의 표현 「금강구곡시」 · 133

산수의 서정(抒情)을 통한 자아의 치유 · 145

김인섭의 '금강산시'를 기리며 · 154

마치는 글 금강산의 9대 절경을 그리워하며 · 159

치유인문컬렉션을 기획하면서

존재와 치유, 그리고 인문

존재

"나는 생각한다, 그러므로 존재한다."

어느 이름난 철학자가 제시한 명제다. 생각으로부터 존재하는 이유를 찾는다는 뜻이다. 나름 그럴듯한 말이지만 결국 이 말도 특정한 시기, 특정한 공간에서만 적절한 명제이지 않을까? 물론 지금도 그때의 연장이요, 이곳도 그 장소로부터 그리 멀지 않다는 점에서 그 말의 효능은 여전하다고 하겠다. 다만 존재 이전에 생각으로 존재를 규정하는 것이 가끔은 폭력이라는 생각도 든다. 나는 이렇게 실제 존재하고 있는데, 존재를 증명하기 위해 합리적이고 논리적인 설득을 선결해야 한다. 만일 존재를 설득해내지 못하면 나의 존재는 섬망(譫妄)에 불과할지도 모르다니! 그래서 나는 이 말의 논리가 조금 수정될 필요가 있다고 생각한다.

"나는 존재한다. 그러므로 존재한다."

존재 그 자체가 존재의 이유인 것이다. 누가 호명해주지 않아도 존재하는 모든 것은 나름의 이유가 있고, 존중받을 가치를 지니고 있다. 존재는 그 자체로 완전하며 누군가의 판단 대상이 아니다. 비교를 통해 우열의 대상이 되어도 안되고, 과부족(過不足)으로 초과니 결손으로 판단되어도 안된다. 또한 사람이든 동물이든, 식물이든, 벌레든 외형이 어떤가에 상관없이 세상에 나오는 그 순간부터 존재는 이뤄지고 완성되며 온전해진다. 존재는 태어나고 자라고 병들고 죽는다. 이 자체는 보편진리로되, 순간마다 선택할 문은 늘 존재한다. 그 문도 하나가 닫히면 다른 문이 열리니, 결국 문은 열려 있는 셈이다. 그 문을 지나 길을 걷다 보면 어느새 하나의 존재가 된다. 어쩌면 순간순간 선택할 때는 몰랐지만, 이것이 그의 운명이요, 존재의 결과일지도 모를 일이다. 그런 점에서 그의 선택은 그에게 가장 알맞은 것이었다. 존재는 그 자체로 아름답다.

치유

그런 점에서 치유라는 개념은 소중하다. 치유는 주체의

존재에 대한 긍정을 바탕으로 자신을 스스로 조절해가는 자정 능력을 표현한다. 외부의 권위나 권력에 기대기보다는 원력(原力, 원래 가지고 있던 힘)에 의거해 현존이 지닌 결여나 상처나 과잉이나 숨가쁨을 보완하고 위로하며 절감하고 토닥여주는 것이다. 원력의 상황에 따라서 멈추거나 후퇴하거나 전진을 단방(單方)으로 제시하며, 나아가 근본적인 개선과 전변, 그리고 생성까지 전망한다. 간혹 '치유는 임시방편에 지나지 않은가' 하는 혐의를 부여하기도 한다. 맞는 지적이다. 심장에 병이 생겨 수술이 급한 사람에게 건네는 위로의 말은 정신적 안정을 부여할 뿐, 심장병을 없애지는 못한다. 그러나 병증의 치료에 근원적인 힘은 치료 가능에 대한 환자의 신뢰와 낫겠다는 의지에 있음을 많은 의료 기적들은 증언해주고 있다. 어쩌면 우리는 이 지점을 노리는지도 모르겠다.

구름에 덮인 산자락을 가만히 응시하는 산사람의 마음은 구름이 걷히고 나면 아름다운 산이 위용을 드러내리라는 믿음을 바탕으로 한다. 내보이지 않을 듯이 꼭꼭 감춘 마음을 드러내게 만드는 것은 관계에 대한 은근한 끈기와 상대에 대한 진심이 아니던가! 치유는 상처받은 이(그것이 자신이든 타인이든)에 대한 진심과 인내와 신뢰를 보내는 지극히 인간적인 행위이다. 마치 세상의 모든 소리를 듣고 보겠다는 관세음보살의 자비로운 눈빛과 모든 이의 아픔을 보듬겠다며 두 팔을 수줍게 내려 안는 성모마리아의 자애로운 손짓과도 같다. 이쯤 되면 마치 신앙의 차원으로 신화(神化)되는 듯하여 못내 두려워지기도 한다. 그러나 치유의 본질이 그러한 것을 어쩌겠는가!

인문

우리는 다양한 학문에서 진행된 고민을 통해 치유를 시도하고자 한다. 흔히 인문 운운할 경우, 많은 경우 문학이나 역사나 철학 등등과 같은 특정 학문에 기대곤 한다. 이는 일부는 맞고 일부는 그렇지 않다. 세상은 크게 세 가지로 구성되어 있다. 여러분이 한번 허리를 곧게 세우고 서 보라. 위로는 하늘이 펼쳐져 있고, 아래로 땅이 떠받치고 있다. 그 사이에 '나'가 있다.

고개를 들어본 하늘은 해와 달이, 별들로 이뤄진 은하수가 시절마다 옮겨가며 아름답게 수놓고 있다. 이것을 하늘의 무늬, 천문(天文)이라고 부른다. 내가 딛고 선 땅은 산으로 오르락, 계곡으로 내리락, 뭍으로 탄탄하게, 바다나 강으로 출렁이며, 더러는 울창한 숲으로, 더러는 황막한 모래펄로 굴곡진 아름다움을 이루고 있다. 이것을 땅의 무늬, 지문(地文)이라고 부른다. 그들 사이에 '나'는 그 수만큼이나 다양한 말과 생각과 행위로 온갖 무늬를 이뤄내고 있다. 이것을 사람의 무늬, 인문(人文)으로 부른다.

인문은 인간이 만들어내는 모든 것을 가리킨다. 그 안에 시간의 역사나 사유의 결을 추적하는 이성도, 정서적 공감에 의지하여 문자든 소리든 몸짓으로 표현하는 문학 예술도, 주거 공간이 갖는 미적 디자인이나 건축도, 인간의 몸에 대한 유기적 이해나 공학적 접근도, 하다못해 기계나 디지털과 인간을 결합하려는 모색도 있다. 이렇게 인문을 정의하는 순간, 인간의 삶과 관련한 모든 노력을 진지하게 살필 수 있는 마음이 열린다. 다만 이 노력은 인간이 지닌 사람다움을 표현하고 찾아주며 실천한다는 전제하에서만 인문으로 인정될 수 있다. 이제 천지와 같이 세상의 창조와 진퇴에 참육(參毓)하는 나를, 있는 그대로 바라볼 때가 되었다.

餘滴

어데선가 조그마한 풀씨 하나가 날아왔다. 이름 모를 풀씨가 바윗그늘 아래 앉자 흙바람이 불었고, 곧 비가 내렸다. 제법 단단해진 흙이 햇빛을 받더니, 그 안에서 싹이 올라왔다. 그런데 싹이 나오는 듯 마는 듯하더니 어느

새 작은 꽃을 피웠다. 다음 날, 다시 풀씨 하나가 어디선가 오더니만 그 곁에 앉았다. 이놈도 먼저 온 놈과 마찬가지로 싹을 틔우고 꽃을 피웠다. 그런데 이게 웬일인가! 그 주위로 이름 모를 풀씨들은 계속 날아와 앉더니 꽃을 피워댔다. 이들은 노란빛으로, 분홍빛으로, 보랏빛으로, 하얀빛으로, 혹은 흩색으로 혹은 알록달록하게 제빛을 갖추었다. 꽃 하나하나는 여려서 부러질 듯했는데, 밭을 이루자 뜻밖에 아름다운 꽃다지로 변했다. 생각지도 못한 일이었다!

이 컬렉션은 이름 모를 풀꽃들의 테피스트리다. 우리는 처음부터 정교하게 의도하지 않았다. 아주 우연히 시작되었고 진정 일이 흘러가는 대로 두었다. 필자가 쓰고 싶은 대로 쓰도록 했고, 주고 싶을 때 주도록 내버려 두었다. 글은 단숨에 읽을 분량만 제시했을 뿐, 그 어떤 원고 규정도 두지 않았다. 자유롭게 초원을 뛰어다닌 소가 만든 우유로 마음 착한 송아지를 만들어내듯이, 편안하게 쓰인 글이 읽는 이의 마음을 편안하게 할 것이라는 믿음 때문이었다. 우리는 읽는 이들이 이것을 통해 자신을 진지하게 성찰하고 새롭게 각성하기를 원하지 않는다. 그저 공감하며 고개를 주억거리면 그뿐이다. 읽는 분들이여, 읽다가 지루하면 책을 덮으시라. 하나의 도트는 점박이를 만들지만, 점박이 101마리는 멋진 달마시안의 세계를 만들 것이다. 우리는 그때까지 길을 걸어가려 한다. 같이 길을 가는 도반이 되어주시는 그 참마음에 느꺼운 인사를 드린다. 참, 고맙다!

2024년 입추를 지난 어느 날
치유인문컬렉션 기획위원회 드림

서문

책을 읽는 분들에게

'와유(臥遊)'라는 말이 있습니다. 글자 그대로 풀이하면 '누워서 유람한다.'는 뜻으로 직접 몸으로 가지 못하는 곳을 누군가의 글을 통해 간접경험을 한다는 뜻이지요. 책은 대부분 앉아서 읽을 텐데 '좌유(坐遊)'라는 말을 쓰지 않고, '와유'라는 말을 한 것을 보면 보다 편안한 자세로 책을 읽는다는 의미가 부가된 것이라 하겠습니다. 방바닥에 배를 대고 누워서 떠날 수 있는 여행이라…. 이보다 편안한 자세는 없을 듯합니다.

금강산… 이제 다시 갈 수 없는 곳이 된 그곳을 갈 수 있는 방법은 '와유' 밖에 없습니다. 봉우리, 암자, 골짜기 등 닿을 수 없는 그곳을 옛사람의 글을 통해 하나하나 안내받으며 가다 보면 우리는 어느새 금강산 비로봉에서 나는 듯한 신선이 되어 있을지도 모릅니다. 그래서 이 책의 제목에 '누워서 거닐다.'는 말을 써 보았습니다.

부지런히 열심히 다니는 여행이 아니라 어슬렁거리며

천천히 거니는 여행이 우리에겐 보다 치유적이지 않을까? 싶었습니다. 해야만 하는 일들로 우리는 충분히 열심히 살고, 최선의 결과를 얻으려 고민하며, 예기치 않은 문제들에 봉착하여 울기도 하고, 좌절하기도 합니다. 그런 우리에게 우리가 주는 선물…. 조금은 천천히…. 힘을 빼고 내 마음대로 느긋해도 되는 여행을 떠나는 것이 어떨까? 싶었습니다. 그것이 휴식이자 '치유'가 아닐까?

편안함을 주고 싶었지만, 글들이 충분히 편안하지는 않습니다. 글 쓰는 이의 그릇이 그만큼이라 마음만큼 모두 전할 수는 없지만, 옛사람들 발길 따라 금강산의 봉우리, 골짜기에 동행하여 감동하는 마음이 있었으면 하는 바람을 담아 봅니다.

책의 내용에 등장하는 '단계 김인섭'이라는 인물은 사족(士族)의 신분이지만 가혹한 수탈로 고통받는 농민들을 대신하여 부친과 함께 농민항쟁을 주도한 죄로 부친은 전라도 임자도로 유배되고, 자신은 강원도 통천으로 유배되어 유배지에서 금강산을 찾았습니다. 그가 주도한 이 농민항쟁이 임술년(1862년) 들불처럼 번진 '임술농민항쟁'의 도화선이 되었습니다. 스무 살에 과거에 급제하여 관직 생활을 했지만, 세상이 자기의 뜻과 다름을 알고 낙향한 고향에서 탐학한 관리와 고통받는 농민들을 보게 되었습니다. 그들을 도와주고자 시작한 일로, 부친은 유배지에서 돌아오자 여독(餘毒)으로 돌아가시고, 자신은 유배까지 갔으니 그 심정이 오죽할까요? 그래도 그는 금강산의 자연을 보며 잃어버린 자신을 찾고, 학문의 길을 찾습니다. 결국 그것이 '사람의 길'이 아닐까 싶습니다.

우리도 내 안의 아픔들이 많지만, 그것을 보듬고 다독이며 살아가는 것이 또 인생 아니던가요? 누워서 금강산으로 떠나는 여행 간간이 만나는 바람 한 점, 수정같이 투명한 물 한 줄기가 위로가 되고, 위안이 되어서 부디 마음의 평화를 얻었으면 하는 바람을 담아 봅니다.

2024년 여름의 파란 하늘 아래서
이 영 숙 드림

들어가는 글

치유의 길, 금강산을 찾아 나서다

길을 떠나 발아래에서 첫걸음을 시작하면 우리는 관계 속의 나를 잊고 온전한 나 자신과 마주한다. 그래서 '떠남'은 '떠남' 그 자체로 의미를 지닌다. 길 위에서 만나는 나는 세상 사람들 속의 나와는 또 다른 나... 내 안에 있는 또 다른 나를 만나기 위해 우리는 길을 떠나는지도 모른다. 그렇게 내 안의 나를 만나고 길에서 돌아오면 이전의 나와는 다른 모습으로 좀 더 잘 살아갈 수 있으리라 기약하며 길을 떠난다. 나를 탈피하여 또 다른 나와 마주하고 그 생경함을 통해 새로운 자각을 하게 되는 과정... 그것이 어쩌면 우리에겐 내 안의 묵은 찌꺼기를 털어내고 새로운 나에게로 가는 '치유'인지도 모른다.

우리는 모두 길 위에 있는 사람들이다. 떠난 길에서 하늘을 보고, 별을 보고, 바람을 맞으며 만나는 소소한 풍경에 위로받고, 의미를 찾으며, 감동한다. 비를 맞기도 하고, 눈보라를 맞기도 하고, 험한 길에 고난도 있다. 그 속에서 우리는 행복을 넘어선 평안과 안도를 얻게 된다. 일상의 단순한 반복이 아니라 어떤 일이 벌어질지 모르는 낯선 환경이 주는 편안함에서 세상을 벗어난 또 하나의 세상을 만나는 시간들… 그 시간들은 자체만으로 위로이며, 때론 내 안에서 곪아 터진 상처를 치유하는 시간이기도 한다. 장소와 공간으로 한정되지 않는 무아(無我)의 세계, 길 위에서 만날 수 있는 세상이다.

  옛사람들도 길을 떠났다. 산수의 아름다움을 탐승하기 위해, 또는 현실과 타협하지 못한 이상과의 괴리가 영혼을 피폐하게 만들어 갈 때, 현실을 초탈하기 위한 수단으로 승경을 찾아 세속의 영리를 벗어난 탈속의 자유를 느끼곤 하였다. 지금은 길을 떠남을 여행이라고 말하지만, 산수 유람으로 통칭되는 옛사람들의 '길 떠남'은 지금과는 다른 모습으로, 지금과는 사뭇 다른 감흥으로 드러났다. 그렇지만 그 속에 담긴 환희와 감탄, 세속인으로서의 번민과 갈등은 시공을 뛰어넘는 보편적인 감성으로 우리에게 다가온다. 그러기에 그들의 글은 우리에게 또 다른 결의 감성과 감흥을 준다.

  그들이 길 위에서 보고, 느끼고, 움직이며 남긴 길 위에서의 기록들은 잠시 일탈을 꿈꾸는 우리에게 정신적 자유를 주기도 하고, 현실의 번뇌를 초탈해가는 과정을 담박하게 혹은 장쾌하게 드러내어 나와의 동질감에서 오는 위로를 주기도 한다. 그것은 우리가 느끼는 또 다른 '치유'이다.

아직 우리에게는 가지 못하는 길이 있다. 아니 가지 못하는 길이 아니라, 한때는 갈 수 있었으나 이제는 가지 못하는 길이 된 곳... 금강산...!! 그 금강산 유람길에 대한 이야기를 해보려 한다. 일만 이천 봉이라 알려진 그 봉우리 하나하나를 발아래 두고 바라볼 수 있는 그곳을 한때는 갈 수 있었지만, 이제는 갈 수 없다. 다시 갈 수 없는 곳이 되리라곤 생각지 못했기에, 갈 수 있을 때 기회를 미루었던 사람들은 이제 다시 오지 않을지도 모를 그 기회에 안타까워한다. 그래서 '떠남'은 언제나 저질러야 하는 일이지, 다음으로 미루어서는 안 되는 일인지도 모른다.

한국학중앙연구원 토대연구사업으로 옛사람들의 금강산유람록을 번역하고, 출간하는 일을 하였다. 번역의 이해를 위하여 한양에서 금강산까지, 동해를 따라 금강산까지 우리 땅에서 금강산에 닿을 수 있는 곳까지 답사를 한 적이 있었다.

  동해를 따라 올라간 길은 통일전망대에서 더 이상 나가지 못했고, 육지에서 올라간 길은 강원도 철원에서 더 이상 나가지 못했다. 통일전망대에서는 멀리 해금강의 구선봉과 산능선 너머 눈이 쌓인 듯 하얀 금강산 봉우리를 바라보며 눈물을 머금고 발길을 돌려야 했고, 철원평야에선 조선노동당 건물을 바라보며 분단의 아픔을 가슴에 새기며 돌아와야 했다. 돌아서 통일전망대의 계단을 터벅터벅 내려올 때 나도 모르게 입에서 '홀로아리랑'이 흘러나왔다.

> 금강산 맑은 물은 동해로 흐르고
> 설악산 맑은 물도 동해가는데
> 우리네 마음들은 어디로 가는가
> 언제쯤 우리는 하나가 될까
> 아리랑 아리랑 홀로 아리랑
> 아리랑 고개를 넘어가 보자
> 가다가 힘들면 쉬어 가더라도
> 손잡고 가보자 같이 가보자

  이 노래를 혼자서 흥얼거리는데 왈칵 눈물이 쏟아졌

다. '언제쯤 저 너머를 가볼 수 있을까? 고전적(古典籍)으로만 그렇게 보고 또 본 금강산을 언제쯤 가볼 수 있을까?' 이런 생각들이 머리에 맴돌며 떠나지 않았다.

제주의 올레길, 지리산의 둘레길, 영덕의 해파랑길, 합천의 소리길, 그리고 먼 타국의 산티아고 순례길 등 길의 종류도 다양해지고, 대중들의 관심 속에서 이러한 길들은 마치 생명체처럼 생성과 소멸의 과정을 겪어가고 있다. 이러한 길들은 단순히 경관의 아름다움으로만 남아 있는 것은 아니라, 스토리가 살아 있기에 생명체처럼 자생력을 가지고 지속적인 생명력을 이어가고 있다. 거기에 담긴 사람의 이야기... 그 이야기들이 우리에겐 감흥이며 탄식이고, 감탄이며 위로이다.

옛사람들이 금강산을 찾아가는 길, 일만 이천 봉을 주유하며 바라본 폭포, 계곡, 사찰, 나무, 하늘 등의 자연은 경이로움 그 자체였다. 그들이 금강산을 찾아 길을 떠난 이야기를 들어보고, 머릿속으로 그려보면서 진정한 와유(臥遊)의 묘미를 느끼며, 그들의 언어를 통해 전달되는 감정에 일종의 대리만족을 해보는 것은 어떨까?

그러나 더 이상 나아가지 못하는 유리벽 앞에서 눈물

을 흘리며 돌아서야 했던 것처럼 가지 못하고, 닿지 못하는 그곳이 더욱 그립고 아픈 곳이 될지도 모른다. 금강산은 우리 민족이 품고 있는 '아픈 손가락'이기에...... 그래도 아직은 사람들이 잘 알지 못하는 그곳을 이야기하면서 옛사람들의 감흥에 공감하며 같이 감탄하고, 환호해 볼 것을 권한다. 그러면서 그들이 걷는 길을 마음속으로 동행하고 옛사람들의 아픔도 같이 녹여내며, 치유를 통해 환생(還生)한 나를 우연을 가장한 필연처럼 조우(遭遇)할 수 있기를 바란다.

여러 개의 길에서 만난 여러 개의 나는 또 여러 개의 내 모습으로 살아갈 길을 열어주리라. 그런 기대를 하며 '금강산 유람길'을 떠나보자.

통일전망대에서 바라본 해금강 구선봉

1.

두 갈래의
금강산 유람길

natura

Collectio Humanitatis pro Sanatione XI

'금강산 유람길'이라면 크게 두 가지 길을 이야기할 수 있다. 하나는 서울에서 출발하여 경기도의 의정부, 양주, 포천을 지나 강원도의 철원, 김화, 금성을 거쳐 금강산으로 향하는 길이고, 다른 하나는 동해안을 따라 경포대, 낙산사, 삼일포 등을 유람하고 금강산으로 들어가는 길이다. 우리는 길이 보이지 않을 때 걱정한다. 그러나 눈앞에 보이는 길을 걷다 보면 새로운 길이 보이고, 또 만나게 되는 그 길은 우리를 새로운 희망으로 인도하기도 한다. '금강산 유람길'이 그러리라…. 걷다 보면 언젠가는 우리를 새로운 '희망의 나라'로 인도해주리라.

한양에서 금강산으로 향하는 첫 출발지
: 누원(樓院, 다락원)

한양에서 금강산 유람을 떠난 유람객들은 대부분 동소문(東小門)을 나와 누원을 거쳐 금강산으로 출발했다. 동소문(東小門)은 서울시 성북구 성북동에 있는 혜화문(惠化門)이며, 누원은 현재 서울의 도봉산역광역환승센터가 있는 곳으로 다락원 터가 아직 남아 있다. 누원을 우리말로 풀이한 뜻이 '다락원'이다.

다락원터에 들어선 도봉산역광역환승센터

이곳은 서울로 물품이 들어가는 요지이므로 시장이 발달하여 상권이 성행하였고, 교통의 요지였다. 누원에 대해 윤휴(尹鑴, 1617-1680)는 「풍악록(楓岳錄)」에서 "통제 외숙과 함께 출발하여 동소문(東小門)을 나가 누원에서 말을 먹이다가 지나가는 승려 덕명(德明)을 만났다."라고 하였으며, 홍인우(洪仁祐, 1515-1554)는 「관동록(關東錄)」에서 "어머니께 작별 인사를 하고 동소문(東小門)을 나왔다. 누원에 이르러 밥을 먹고 쉬었다."고 하였다. 이 외에도 김창협(金昌協, 1651-1708) 등 많은 인물들이 누원에서 금강산 유람을 시작하였다.

유람록에 나타난 누원은 말을 먹이고, 밥을 먹고 잠시 쉬면서 금강산으로 향하는 긴 여정의 마음을 가다듬는 곳이었다. 누원은 당시 교통의 요지로 사람들의 왕래가 잦아 사람들이 만나는 회합처(會合處)로도 적합했던 것으로 보인다. 이렇게 한양을 출발한 유람객들은 말을 타고 축석령을 넘었다.

한양으로 넘나드는 고개
: 축석령(祝石嶺)

누원에서 북쪽으로 15km정도 되는 거리에 축석령이 있다. 축석령은 경기도 포천시 소흘읍과 의정부시 자금동의 경계에 있는 고개로 오늘날은 고갯길을 따라 의정부시와 포천시를 이어주는 도로가 나있고, 고개에는 축석령 휴게소가 자리하고 있다. 『조선왕조실록(朝鮮王朝實錄)』에는 축석령에 대한 다음과 같은 기록이 있다.

이 축석령은 백두산(白頭山)의 정간룡(正幹龍)이요, 한양(漢陽)으로 들어서는 골짜기이다. 산의 기세가 여기에서 한 번 크게 머물렀다가 다시 일어나 도봉산(道峰山)이 되고 또 골짜기를 지나 다시 일어나 삼각산(三角山)이 되는데, 그 기복(起伏)이 봉황이 날아오르는 듯하고 용이 뛰어오르는 듯하여 온 정신이 모두 왕성(王城)한 지역에 모여 있다. 산천은 사람의 외모와도 같은 것이어서 외모가 좋은 산천은 기색(氣色) 또한 좋다. 어제오늘 지나온 산천은 모두가 좋은 기색이거니와 더구나 아침에 비가 개인 모습은 더욱 명랑하고 수려함을 깨닫게 한다. 예전 병진년 행행 때에도 마치 이번처럼 아침에 비가 내리다 금방 개였는데 이 또한 우연한 일이 아닐 것이다.

_『조선왕조실록』

위의 기록처럼 축석령은 '한양으로 들어서는 골짜기'이므로 반대의 경우이기도 하다. 유람객들은 이 축석령 아래의 주막에서 지친 몸을 쉬며 힘을 비축한 다음 고개를 넘었다.

축석령에 대해 김창협(金昌協, 1651-1708)은 「동유기(東遊記)」에서 "점심때 누원(樓院)에서 밥을 먹고, 축석령(祝石嶺)을 넘어 묵었다."고 기록하였다. 그리고 김창즙(金昌緝, 1662-1713)의 「동유기(東遊記)」에서는 "해가 뜬 다음 넷째 형에게 하직 인사를 드리고 언겸(彦謙)과 함께 출발하여 40리를 가서 축석령 아래의 주막에 닿았다. 점심을 먹은 뒤 고개를 넘어 50리를 가서 셋째 형수의 묘 아래에 도착하여 거기서 묵었다.", 오원(吳瑗, 1700-1740)은 「유풍악일기(遊楓嶽日記)」에서 "정오에 누원에서 밥을 지어 먹고 축석령을 넘었는데, 산속의 마을은 은은하고 곳곳에 있는 그윽한 꽃과 고운 나무들은 감상할 만했다."라고 기록하였다.

위의 기록들을 종합해보면 축석령 아래에는 주막이 있어 나그네들이 피로한 몸을 쉬며 목을 축이고, 주린 배를 채울 수 있었으며, 그 고개의 경치도 고즈넉하며 아름다웠음을 알 수 있다. 이렇게 축석령을 넘어 금강산으로 향하는 발길을 재촉한 유람객들은 대부분 백로주라고 하는 곳을 많이 찾았다. 그런데 금강산으로 향하는 주행로에서 조금 벗어나 회암사를 찾는 사람도 있었다.

국가의 비호를 받은 왕실 원찰(願刹)이었던 곳
: 회암사지(檜巖寺址)

축석령에서 북서쪽으로 11km 정도를 가면 회암사지다. 회암사는 경기도 양주시 회암동 천보산의 서남쪽 기슭에 인도의 승려 지공이 처음 지었다는 절이다. 지금은 절은 없고 절터만 남아 사적 제128호로 지정되어 있다. 고려 말에서 조선 초에 걸쳐 왕실의 적극적인 후원으로 많은 불사가 이루어졌고, 당시 불교계를 주도하던 고승들이 머물던 최고의 사찰이었다. 이색(李穡, 1328-1396)은 「천보산 회암사 수조기(天寶山檜巖寺修造記)」에서 "회암사는 승려 3,000여 명이 머무르는 대사찰로 건물은 모두 262칸이며, 높이 15척의 불상 7구와 10척의 관음상이 봉안되었으며, 건물들은 크고 웅장하며 아름답고 화려하기가 우리나라에서 제일로 중국에서도 찾기 힘들 정도이다."고 하였다. 이 기록을 보면 당시 회암사의 규모와 위상이 어떠하였는지 가늠해 볼 수 있다.

회암사지

 이처럼 나라의 비호를 받으며 왕실의 원찰로 이름 높았던 회암사는 명종대 문정왕후(文定王后)의 사후 서서히 퇴락하여 사라지게 되었다. 유생들의 방화로 인하여 소실되었다는 설만 있을 뿐, 사찰이 사라진 것에 대한 고증은 제대로 되지 못하고 있다. 1566에서 1595년 사이 폐사되었다고 추정하고 있으나, 유람록에 나온 기록을 보면 적어도 1600년대 이후까지는 회암사가 존재하였다는 것을 알 수 있다.

 1553년 4월 9일부터 5월 20일까지 금강산을 유람한 홍인우(洪仁祐, 1515-1554)의 「관동록(關東錄)」에는 다음과 같은 기록이 있다.

종에게 오늘 밤은 꼭 회암사에서 묵어야 한다고 일러두었다. 연천(漣川) 가는 길로 잘못 들어가서 농부에게 물으니, 오른쪽으로 가라고 하였다. 오른쪽으로 좁은 길을 찾아 회암사에 이르렀다. 문 앞의 느릅나무 5, 60그루가 울창하게 숲을 이루며 서 있었는데, 녹음이 사랑스러웠다. 이날 밤 근신당(謹慎堂)에서 묵었다.

_홍인우, 「관동록」

그리고 1628년 4월 2일에서 윤4월 4일 걸쳐 거의 한 달 동안 금강산을 유람한 이현영(李顯英, 1573-1642)의 「풍악록(楓嶽錄)」에도 "윤4월 2일. 출발했으나 여정을 바쁘게 할 수 없어 회암사(檜巖寺)에 들어가 묵었다."라는 기록이 있다. 이현영은 금강산 유람에서 돌아오는 길에 회암사에 들러 묵은 다음 날 누원에서 하룻밤을 묵고 자신이 거주하는 창동(倉洞)으로 돌아갔다.

회암사지 부도탑

　이현영이 금강산을 유람한 해가 1628년이므로 적어도 회암사는 이 시기까지는 존재하였음을 알 수 있다. 학계에서 폐사되었다고 추정하고 있는 시기와 30년 정도의 차이가 있으며, 유람록에서도 이 이후에는 회암사가 등장하지 않는 것으로 보아 이 이후 어느 시기에 소실되었다고 추정해 볼 수 있다.

이백의 시구에서 이름이 만들어진 곳
: 백로주(白鷺洲)

　백로주는 경기도 포천시 영중면 한내천 하류에 있는데, 회암사지에서 31km 떨어진 곳이다. 영평 8경 중 하나이며, 현재는 백로주오토캠핑장이 있어 포천의 대표적인 휴양지로 손꼽히고 있다. 물 가운데에 우뚝 솟은 바위산이 있는데, 이백(李白)의 시 구절인 '이수중분백로주(二水中分白鷺洲)'에서 인용하여 백로주라는 이름을 지었다.

　이경석(李景奭, 1595-1672)은 「풍악록(楓岳錄)」에서 "저녁이 되어 평구(平丘)에서 자고 아침에 청음(淸陰)을 뵈었다. 포천(抱川)에 이르러 잠시 백로주 가에서 쉬었다. 이에 다음과 같은 시 한 수를 읊었다."고 기록하고 있다. 이경석이 지은 시는 다음과 같다.

삼산의 그림자 속에 늦가을 빛 짙은데	三山影裡三秋色
백로주 물가에 백발의 늙은이라네	白鷺洲邊白髮翁
누가 알았으랴 오늘 지나가는 곳이	誰知此日經過處
바로 청련의 시구 속에 있는 것인 줄	政是靑蓮詩句中

백로주각석　　　　　　　　백로주

　이하진(李夏鎭, 1628-1682)은 「금강도로기(金剛途路記)」에서 "안개를 무릅쓰고 길을 떠나 25리를 가서 비로소 영평 땅에 닿아 이른바 백로주에 올랐다. 백로주의 좌우는 모두 돌로 된 여울인데 물이 동쪽으로 모여 못이 되었다. 물이 맑아 거울 같았으며, 물고기 수천 마리가 백로주 아래에 모여들었다. 백로주는 큰 바위 하나가 물 가운데 우뚝 서 있는데, 높이가 8,9장쯤 되고, 동서로는 수 십 보, 남북으로는 8,9보쯤 되었다. 바위가 높고 낮게 2층으로 되어 있어서 5,60명은 앉을 수 있었다. 그 가에 푸른 소나무들이 줄지어 서서 햇빛을 가려 정자처럼 되었다. 그 틈새에 단풍나무가 자랐는데 아직은 이른 가을이라 잎이 모두 붉게 물들지는 않아, 마치 엷은 연지빛 같았다. 그 바위 가운데에는 이백주(李白洲)와 조용주(趙龍洲)가 지은 칠언절구가 새겨져 있고, 양만고(楊萬古)의 작품도 그 뒤에 덧붙여져 있어 볼 만했다."라고 백로주에 대해서 상세하게 기록하고 있다.

이밖에도 신익성(申翊聖, 1588-1644), 임홍량(任弘亮, 1634-1707) 등의 인물들이 금강산 유람길에 백로주에 들러 주변경관에 감탄하며 시를 읊조렸다. 위 이하진의 유람록에도 나온 것처럼 백로주에는 이경석, 조경, 양만고 등의 각석(刻石)이 있다고 한다. 하지만 필자가 이곳을 찾았을 때는 일정에 쫓겨 찾아보지 못하고 떠나야 했다. 그리고 오늘날 백로주는 영평 8경에 속한다고 하지만 각석 하나만 있을 뿐 관리되고 있는 흔적을 거의 찾아볼 수 없었다. 선인들이 찬탄해 마지않았던 그 감회를 느껴볼 수 없음이 안타까웠다.

박순을 추모하며 시를 짓던 곳
: 창옥병(蒼玉屛)

창옥병 석각

　백로주에서 북서쪽으로 15km정도 떨어진 곳에 창옥병이 있다. 창옥병은 백로주와 더불어 영평 8경 중의 하나로 경기도 포천시 창수면 영평천에 있으며, 그 옆에 박순(朴淳, 1523-1589)의 위패를 모신 옥병 서원(玉屛書院)이 있다. 박순이 이곳에 은거하여 창옥병을 소재로 한 칠언 절구의 시를 남겼으며, 김창협도 박순의 처소를 찾아 그를 추억하며 한탄강의 풍경을 읊은「창옥병」이라는 시를 남겼다. 이후로 포천을 찾는 시인 묵객들이 창옥병의 아름다운 경치와 박순을 추모하는 작품을 많이 남기게 되었다.

금강산을 향해 가던 유람객들도 이 창옥병에 들러 그 경치를 감상하고 기록하며, 시를 남기기도 하였다. 이하진의 「금강도로기」에는 "안변부로부터 140여 리를 가서 다시 철령을 넘어 회양부에 도착했다. 이틀을 머물며 회양부 남쪽 창옥병의 시내에서 노닐었다. 굴곡진 푸른 절벽이 양쪽에 늘어서 있으며, 길은 희미하여 세상과 단절된 곳이었다. 시내 가운데에 큰 바위가 떨어져 서 있는데, 그 수가 7,8개에 이르렀다. 제각각 자세를 취하고 있는데 사물의 모습을 매우 많이 닮아 있다. 바위 위는 앉아서 잔치를 벌일 만하니 또한 골짜기 안의 좋은 장소였다."라고 기록하였다.

이서(李溆, 1662-1723)는 「동유록(東遊錄)」에서 "멀리 창옥병을 바라보며 시를 지었다."고 하였는데, 그 시는 다음과 같다.

절의와 문장은 세상에 보기 드물었는데	節行文章世罕聞
사우에게 빠져 참된 선비 되지 못했네	溺於師友誤儒眞
청고함은 창옥병처럼 청고하였지만	清高如彼清高見
애석하게도 끝내 길 잃은 사람이 되었네	堪惜終爲迷路人

선인들은 이처럼 창옥병을 찾아 그 경치에 찬탄하고 선유(先儒)를 기렸지만 오늘날의 창옥병은 사람들이 찾지 않는 궁벽한 시골이었다. 한탄강 가에 둘러선 바위에 새겨진 오래된 석각들만이 이곳이 옛 선유들이 찾던 명승이었음을 짐작할 수 있게 했다.

볏단을 쌓아 올린 듯한 기우제를 지내던 곳
: 화적연(禾積淵)

창옥병에서 북쪽으로 24km 정도를 이동하면 화적연이 있다. 화적연은 경기도 포천시 영북면 한탄강 주변에 있는 명승지로, 『여지도(輿地圖)』와 『조선왕조실록(朝鮮王朝實錄)』에서 모두 기우제를 지내던 곳이라고 한다. 이곳은 뛰어난 경관으로 예부터 시인 묵객들의 발길이 끊이지 않았던 곳이기도 하며, 정선(鄭敾, 1676-1759)의 그림으로도 많이 알려진 곳이다.

화적연-1

화적연은 그 모습이 마치 볏단을 쌓아 올린 듯하다 하여 '화적(禾積)'이라는 이름이 붙여졌다. 『여지도서』에서는 '유석향(乳石鄕)'이라 하였으며, 박세당(朴世堂)의 『서계집(西溪集)』에서는 바위의 생김새가 용머리와 거북 같아 '귀룡연(龜龍淵)'이라 하였다. 금강산 유람길에 화적연을 찾은 인물도 많은데 가장 상세하게 기록한 사람은 이하진이다. 다음은 그의 기록이다.

드디어 화적연 가에 다다랐는데, 백로주에서 이곳까지는 실제로 30리 길이었다. 못 가에는 큰 바위가 물결을 가로질러 서 있는데, 발을 붙이기가 어려웠다. 애써 부여잡고 간신히 올라가 마음껏 바라보니 아찔하여 무슨 모양인지 분간할 수 없었다. 손이 떨리고 발이 후들거렸으며, 넋이 빠지고 정신이 달아나는 듯하였다. 서서히 마음과 눈을 진정시키고 나서야 비로소 조물주가 세상을 빚어낸 것이 이런 경지에 이른 것에 대해 감탄하였다. 먼저 거북 모양의 바위가 언덕에 기대 엎드려 있는 것을 보고 일행 중에는 그것을 사람이 정교하게 조각한 것이 아닌가 하고 의심한 사람도 있었으나 아마도 아닐 것이다.

흐르는 물을 거슬러 수 십 보를 올라가니, 물속에 돌이 꽂혀 있고 그 아래에 큰 구멍이 있어, 마치 무지개 같기도 하고 문

같기도 했다. 사람들이 용신이 다니는 길이라고 했다. 또 북쪽으로 십여 보를 가니 용의 모양을 닮은 돌이 있었다. 머리와 뿔, 귀까지 다 갖추어져 있고, 허리와 등에는 비늘까지 갖추어져 마치 움직이는 것 같았다. 그 높이가 수면에서 수 십 길은 떨어져 있어서 사람이 올라갈 수 없었다. 두 뿔의 중간에 있는 소나무는 겨우 한두 자쯤 되는데 이끼의 틈에 뿌리를 내리고 있었다. 몇 천 년, 몇 백 년이 되었는지 알 수 없지만, 조금도 자라지 않았다.

여울물 소리는 앞에서 부딪치고, 이끼 낀 바위가 그 뒤를 에워싸고 있었다. 한가운데는 둥근 구멍이 있어 마치 가마솥에 물이 담겨 있는 듯한데, 그 깊이는 알 수 없었다. 낙엽이 수면을 덮으면 놀란 새들조차도 찾아내지 못할 것이다. 대개 우리나라 전적(典籍)에 실려 있는 기우제(祈雨祭)를 지내는 곳이다. 사람들은 모두 용처럼 생긴 것을 보고 기이하게 여겼는데, 민간에서는 '볏가릿대[禾積]'라고 불렀으니 아마도 시골 사람들이 익숙하게 보아온 것으로 비유한 것이리라. 소인묵객(騷人墨客)들 중 이곳을 지나간 사람들이 허다했을 텐데, 아무도 그 이름을 고치지 않은 것은 어째서인가. 나는 그것 때문에 한 번 탄식하였다.

_이하진, 「금강도로기」

이하진은 화적연 주변의 경관, 모양, 유래에 관해 자세하게 기록하였다. 화적연에 대한 이처럼 상세한 기록은 찾기 어렵다. 그는 화적연이라는 이름은 시골 사람들이 모르고 부른 이름인데 소인묵객들이 고쳐 부르지 않고, 그대로 사용하고 있음을 안타깝게 여겼다. 그런데 그 이름이 오늘날까지도 전해지고 있음을 알면 이하진은 어떤 말을 할까? 자못 궁금해진다.

화적연-2

정선의 진경산수화가 살아 있는 곳
: 삼부연(三釜淵)폭포

삼부연폭포

　화적연에서 북동쪽으로 13km 정도를 가면 강원도 철원군 갈말읍 신철원리에 삼부연폭포가 있다. 폭포수가 높은 절벽에서 세 번 꺾여 떨어지는데, 이것이 가마솥 같다고 하여 삼부연이라고 한다. 철원8경 가운데 하나이며, 정선의 진경산수화로 더 많이 알려진 곳이기도 한다.

신익성의 「유금강소기」에는 "삼부연(三釜淵)은 박연(朴淵)보다도 더욱 기이하고 웅장하였다. 골짜기가 그윽하고 깊숙하여 대낮인데도 어두컴컴하여 오래 앉아 있기가 어려울 정도였으니, 용이나 뱀이 살만한 곳이었다."고 기록하고 있다.

박연폭포는 금강산의 구룡폭포, 설악산의 대승폭포와 함께 우리나라 3대 폭포로 일컬어지는 곳이다. 그런데 신익성은 삼부연폭포가 박연폭포보다 더 기이하고 웅장하다 하였으니, 삼부연폭포의 뛰어난 경관은 유람객들의 눈과 마음을 사로잡기에 충분했다. 한편 삼부연폭포에 관해서는 김창즙(金昌緝, 1662-1713)이 「동유기」에서 아주 자세하게 기록하고 있다.

> 점심을 먹은 뒤 또 30여 리를 가서 구불구불한 길로 들어가 삼부락(三釜落)폭포를 구경하였다. 골짜기로 들어가 물을 건너고 높은 고개 하나를 넘어 몇 리를 가서 폭포 아래에 닿았다. 골짜기 입구에서 폭포까지는 산이 깎은 듯이 서있고, 그 형세가 자못 웅장하다. 바위는 검붉은색으로 특별히 빼어나

지도 윤택하지도 않았다. 삼부락폭포의 길이는 10여 장으로 폭포 위에 또 두 개의 폭포가 있는데, 그 하나는 보이지 않았다. 삼부락폭포의 아래에는 각각 못이 있는데, 아래의 못이 가장 넓고 삼면을 절벽이 두르고 있다. 위에 있는 두 개의 못은 모두 바위로 되었는데 마치 가마솥과 같은 모양이다. 예전에 구경할 때는 매우 기이하였는데 오늘은 여정이 바빠서 미처 올라가 보지 못하였다. 셋째 형이 예전에 폭포 가에 자리를 잡고 살았는데 살던 곳이 폐허가 되어 없어진 지 이미 오래다.

_김창즙,「동유기」

옛날 이 지역 사람들이 사투리로 폭포를 '락(落)'이라 하였기 때문에 '삼부락'이라 불렀다. 김창즙의 셋째 형 김창흡(金昌翕, 1653-1722)은 부친 김수항(金壽恒, 1629-1689)이 유배지 영암에서 1678년 철원으로 이배된 이듬해 '삼연(三淵)'이라 자호하고 삼부연에 복거하였다. 김창즙이 1712년 8월에 금강산을 유람하였으니, 형이 복거한 지 34년이 지난 후였으므로 살던 곳이 이미 폐허가 되어 없어졌다. 형이 복거하던 곳이었으므로 삼부연폭포에 대해 좀 더 자세하게 기록한 김창즙의 마음을 읽을 수 있는 글이다.

오늘날의 삼부연폭포는 바로 도로 옆에 자리하고 있

어, 유람록에서처럼 험한 길을 따라 올라가는 수고를 할 필요가 없다. 그러나 그 폭포가 주는 감동만큼은 한 폭의 진경산수화 그대로여서 '산천은 의구하다.'는 옛말이 틀리지 않았음을 느낄 수 있는 곳이다.

홍명구와 유림의 충정이 어린 곳
: 철원 충렬사지

삼부연폭포에서 북쪽으로 24km를 달리면 강원도 철원군 김화읍에 병자호란 때 큰 전과를 올린 홍명구(洪命耉, 1596-1637)와 유림(柳琳, 1581-1643) 장군의 위패를 모신 사당이 있었던 터가 있다. 이곳이 충렬사지이다. 1650년에 건립하여 홍명구를 제향하였고, 1652년에 충렬사로 사액되었다.

홍명구는 1636년 평안도 관찰사로 나갔다가 병자호란이 일어나자 적병이 남한산성을 포위했다는 소식을 듣고 근왕병(勤王兵) 2,000명을 거느리고 남하하던 중, 김화(金化)에 이르러 적의 대병을 만났다. 이에 시자(侍者)를 통해 노모에게 결별하는 글을 보내고, 죽음을 무릅쓰고 싸워 적 수백 명을 살상한 끝에 전사한 인물이다. 유림은 1636년 평안도병마절도사에 임명되어 성지 보수, 총포 제조, 군량미 비축, 군사 훈련 등에 힘썼다. 이 해 겨울 병자호란이 일어나자 순찰사 홍명구와 함께 김화에서 적병을 추

격하면서 항전한 인물이다.

  1672년 금강산으로 향하며 이곳을 지나게 된 윤휴는 「풍악록」에 "비각 하나가 있는데, 비각은 홍 감사(洪監司)가 순의(殉義)한 곳이라 하였다. 말에서 내려보니 '평안도 순찰사 홍명구 충렬비(平安道巡察使洪命耉忠烈碑)'라고 씌여 있었다."라고 기록하였다. 윤휴는 이곳에서 홍명구와 유림 두 충정 어린 인물을 애도하고, 「애부여(哀夫如)」라는 시를 지어 전장에서 죽음으로 나라를 지킨 그들의 넋을 위로했다. 이 충렬사지를 끝으로 금강산 유람길이 끝이 난다.

  옛 선인들은 이 충렬사지를 지나 금성현(金城縣)을 거쳐 창도(昌道)에서 동해쪽으로 방향을 꺾어 통구(通溝)를 지나 단발령(斷髮嶺)을 넘어서 금강산으로 들어갔다. 한양에서 금강산까지 이 글에서 소개한 길을 따라가면 보통 3,4일 정도 걸렸다. 오늘날은 자동차로 하루 만에 갈 수 있는 거리이다. 그렇게 하루 만에 갈 수 있는 거리를 휴전선 건너편에 두고 우리는 더 이상 앞으로 가지 못한다. 지금은 금강산으로 갈 수 있는 길이 바닷길도, 육지길도 모두 막혀 있어 금강산은 지척에 두고도 갈 수 없는 곳이 되었다.

충렬사지

2.

역사가 담긴 금강산의 권역들

Collectio Humanitatis pro Sanatione XI

pattern

금강산은 중국인들조차 '원컨대 조선국에 태어나, 금강산을 한 번 보고 싶네.[願生朝鮮國, 一見金剛山]'라는 시구를 짓기도 할 정도였으며, 그 빼어난 경치는 중국인들조차 많이 그리워하고 동경한 곳이다. 지금 우리는 금강산을 내금강, 외금강, 해금강으로 구분해 오고 있다. 하지만 금강산유람록에는 이 용어들이 등장하지 않는다. 내금강이 아니라 '내산'이고, 외금강이 아니라 '외산'이며, '해금강'이라는 용어는 18세기 이후에 등장하는 지명이다. 대중적으로 인식된 용어를 토대로 금강산 유람권역을 나누면 다음과 같은 세 개의 권역으로 나눌 수 있다.

권 역	주 요 명 소
내금강권	장안사, 백화암, 표훈사, 정양사, 송라암, 보덕굴, 금강대, 만폭동, 묘길상암, 마하연사 등
외금강권	유점사, 신계사, 발연사, 발연, 구룡연, 은신암, 견성암, 숙고, 십이폭포 등
삼일포·총석정권	삼일포, 사선정, 단서암, 해산정, 총석정, 국도, 금란굴, 감호, 현종암 등

지친 심신을 치유해 주는 권역
: 내금강권

내금강이라는 명칭은 오늘날 널리 사용하고 있지만, 금강산 유람록에는 내금강이라는 명칭보다는 '내산(內山)'이라는 명칭을 주로 사용하며, 아울러 외금강이라는 명칭보다는 '외산(外山)'이라는 명칭을 사용한다. 이 내산과 외산의 경계는 수재(水岾)에 의해 나뉘는데 그 수재에 대해 유람객들은 다음과 같이 이야기한다.

[1] 동서와 남북의 길이가 3백여 리인데 동쪽과 서쪽의 땅을 나눌 적에 고개를 경계로 하여 내수재(內水岾)와 외수재(外水岾)를 정한다. 서쪽은 내산이 되고 동쪽은 외산이 된다.
_이원, 「유금강록」
[2] 이른바 '수재'라는 것은 이런 수석이 있기 때문이고, 내산에서 여기에 이르러야 비로소 금강산의 진면목[玉骨]을 볼 수 있으니, 마땅히 이 재의 이름을 '세진재(洗塵岾)'라 해야 할 것이다.
_최유해, 「영동산수기」

[3] 수재는 '안문재(雁門岾)'라고도 하였다. 여기부터 아래로는 소나무와 회나무가 울창하여 올려 보아도 해를 볼 수 없었다.
_윤휴,「풍악록」

이원과 최유해, 윤휴의 글을 종합해 보면 수재는 '세진재(洗塵岾)', '안문재(雁門岾)'라고도 하며, 내수재와 외수재로 나뉘고 내수재 쪽은 '내산', 외수재 쪽은 '외산'이 된다. 그리고 이 수재로부터 내산 쪽은 대부분 바위산이며, 외산 쪽은 나무가 울창하여 숲을 이루었다.

수재를 기준으로 내금강에는 장안사, 표훈사, 정양사, 마하연사, 보덕암, 송라암, 백련암, 영원사, 묘길상암 등의 사찰과 암자가 있고, 만폭동, 보덕굴, 금강대, 울연 등의 볼거리가 있다. 특히 만폭동에는 화룡담, 선담, 귀담, 진주담 등의 팔담이 있으며, 내산의 망고봉, 사자봉, 혈망봉, 비로봉, 중향성 등의 뛰어난 봉우리들도 계곡과 어우러져 아름다운 경치를 자아낸다.

내금강에서 유람객들은 장안사, 표훈사, 정양사, 보덕암, 마하연사, 만폭동을 반드시 들렀으며, 장안사, 표훈사, 정양사는 유람객들의 숙박지이기도 했다. 특히 장안사는 금강산유람록을 가장 먼저 남긴 이곡과 이원을 비롯하여 금강산 유람을 하는 대부분의 유람객들이 묵고 가는 숙식처였다.

내금강에 있는 사찰 중 금강산 유람객들이 찾은 사찰은 장안사, 표훈사, 정양사가 대표적이다. 이 세 사찰은 거의 모든 유람객들이 유숙했던 곳으로 내금강권을 대표하는 사찰이라고 할 수 있다. 이외에 유람객들이 묵으며 쉬었던 암자로 묘길상암과 마하연암이 있다. 이 암자들은 경우에 따라서 묘길상암, 마하연사로 불리며 금강산의 가파른 비탈길과 험준한 산세에 지쳐 피로해진 유람객들의 심신을 쉬어갈 수 있게 해 주었다.

유람록을 살펴보면 유람초기에는 장안사, 표훈사, 정양사, 묘길상암, 마하연암이 모두 유람객들이 쉬고, 묵을 수 있는 숙박지였다. 시간이 흐름에 따라 묘길상암은 신즙의 「유금강록」에서부터 폐허가 된 지 7,8년이 되어 무너져 머물 수 없는 곳이 되었다. 이후 마하연암도 초기보다는 퇴락하여 암자가 폐허가 되어 거처하는 승려가 없을 때도 있다가 승려도 없이 불당만 남아 있거나, 승려 한 사람이 암자를 지키고 있는 경우도 있어 그 명맥만 유지해가고 있었다. 그러므로 내금강권의 숙박지는 장안사, 표훈사, 정양사가 주였다.

이들 사찰과 암자를 숙박지로 하고, 유람객들은 내금강에서 여러 가지 기이한 경치를 찾았다. 장안사는 내금강에서 가장 큰 사찰로 금강산을 찾는 유람객들의 관심거리이기도 하였다. 유람객들이 장안사에 대해 기록한 다음의 글들을 보면 장안사에 대한 그 대략을 알 수 있다.

[1] 저물녘에 장안사에 이르렀다. 법당에 들어가니 사면에 탑상을 마련하여 1만 2천 개의 불상을 안치해 놓았는데, 금강산의 1만 2천 봉우리를 표현한 것이다. 누각과 탑상과 불전(佛殿)의 기이함은 유점사와 같았지만, 시냇물과 암석의 정취는 훨씬 훌륭했다.
_이원, 「유금강록」

[2] 건물은 크고 화려하며, 금칠을 하고 청기와를 덮은 화려한 전각이 눈길을 빼앗으니, 참으로 금강산 입구의 큰 사찰이다. 선당(禪堂) 앞의 마루에 앉으니 여러 봉우리가 다투듯 서로 화려한 난간에 비쳤다. 혹 기둥이 서 있는 것 같기도 하였고, 혹 칼날을 늘어놓은 것 같기도 하였다.
_성제원, 「유금강산기」

[3] 장안사는 산 밑에 있으며, 난리가 일어나기 전에 화재를 만나 다 없어지고, 단지 동쪽 끝에 두어 칸의 행랑만 있었다. 승려들은 굶주림과 돌림병에 시달려 죽어서 거의 없었다. 남아있는 파리한 서너 명의 승려도 모두 초췌하여 귀신의 모습

이어서 매우 불쌍했다.

_노경임, 「유금강산기」

 장안사는 크고 화려한 사찰로 시내와 암석 등 주위의 경관도 뛰어나 유람객들의 볼거리였다. 하지만 화재를 만나 모두 타버리고 중건하는 과정에서 쇠락한 모습을 보이기도 했다. 작은 암자들은 퇴락하여 없어진 후에 중건하는 경우가 없었다. 그런데 장안사는 금강산을 대표하는 사찰인 만큼 중건의 과정을 거쳐 지속적으로 유람객들을 맞이하는 객사의 역할을 하였다.

 장안사에서 묵은 유람객들은 본격적인 내금강 유람을 시작하였는데 남여를 타기도 하고, 걷기도 하였다. 남여를 메는 사람들은 주로 장안사, 표훈사, 정양사 등 사찰의 승려들이 동원되었고, 외금강으로 넘어가면 유점사의 승려들이 이어서 남여를 매었다.

 내금강에서 유람을 시작하는 유람객들은 장안사에서 송라암, 백화암 등을 거쳐 표훈사로 향했다. 표훈사에서는 바로 만폭동으로 들어가거나, 먼저 정양사를 찾은 다음 만폭동으로 향하는 경우가 있었다. 반대로 외금강에서 유람을 시작하는 유람객들은 만폭동을 거쳐 표훈사로

와서 바로 장안사로 가거나, 정양사를 거쳤다가 장안사로 가기도 했다.

이 중 정양사는 다른 절에 비해 지대가 높은 곳에 자리하여 산의 진면목을 조망하기에 좋았다. 특히 정양사의 헐성루는 금강산 전체를 조망할 수 있는 가장 좋은 조망처로 꼽혔다.

[1] 정양사는 바로 빼어난 곳을 차지하여 산의 진면목이 한눈에 다 드러나니 으뜸이 되는 곳이다.
_홍인우, 「관동록」
[2] 그 뛰어난 경치를 기어이 등급을 매기려 한다면 헐성루가 첫 번째이고, 은선대가 두 번째이며, 마하연이 세 번째이다. 나머지는 눈을 둘 곳이 없는데, 온 세상 사람들이 경치가 뛰어난 곳을 일컬을 때 반드시 만폭동을 제일이라 하니 나는 웃음을 참을 수 없다. 이계현(李啓賢)이 나에게 일러 말하기를 "금강산을 보고자 하면 바로 정양사에 가서 헐성루에 올라 3일을 머물면 올라가는 수고를 하지 않고도 여러 봉우리를 모두 볼 수 있다."라고 하였는데, 그 말이 과연 맞는 말이었다.
_김득신, 「금강산록」

홍인우와 김득신의 유람록에서 각각 정양사와 헐성루

에 대하여 그 특징을 제대로 표현했다. '산에 오르는 수고를 하지 않고도 금강산 전체를 볼 수 있는 곳'이라고 하는 표현은 헐성루를 한마디로 요약했다.

장안사와 표훈사, 정양사 등을 둘러본 유람객들은 만폭동으로 들어갔다. 만폭동에서 가장 먼저 만나는 것이 봉래 양사언의 '봉래풍악원화동천(蓬萊楓嶽元和洞天)'이라는 여덟 글자의 초서이다. 오늘날까지도 선명하게 전하는 양사언의 이 초서에 대한 이야기는 모든 유람록에 빠지지 않고 등장하며, 인물마다 이 글자에 대한 평을 한마디씩 남겼다.

〔1〕 필력이 기굴(奇崛)하여 마치 교룡(蛟龍)이 분노하며 벌떡 일어나는 듯하였다.
_최유해, 「영동산수기」
〔2〕 여덟 글자는 지금까지 구불구불 꿈틀거리며 황홀하기가 마치 교룡(蛟龍)이 뛰어올라 날아오르는 형상 같았다.
_김득신, 「금강산록」
〔3〕 용이 꿈틀대고 사자가 낚아채는 듯한 필치가 산세와 웅장함을 겨루려는 듯했다.
_김창협, 「동유기」
〔4〕 글자 크기가 방석만 하고 획의 크기가 정강이만 하며 필력

이 웅장하고 굳세어서 곧바로 풍악산과 기이함을 겨루었다.

_이천상, 「관동록」

이 평가들을 토대로 양사언의 글씨를 유추해 보면 글자 크기는 방석만 하고, 획의 크기는 정강이만 하며, 구불구불 꿈틀거리며 교룡이 뛰어 날아오르는 듯한 형상으로 산세와 웅장함을 겨루고 있는 모습이다. 이 글씨는 양사언이 회양부사로 있을 때 쓴 글씨로 오늘날까지도 금강산을 대표하는 명물로 자리하고 있다.

한 가지 특이한 점은 대다수 유람객이 호평을 쏟아낸 양사언의 필체에 대해 이경석은 "자연 그대로의 좋은 반석이, 어찌 양공의 학대를 받았는가.[天然好盤石, 胡被楊公虐]"라고 하며, 천연의 모습을 훼손한 것에 대한 안타까움을 토로했다. 그는 이 글씨에 대해 또 다음과 같은 시로 그 불편한 심기를 표출하기도 했다.

다만 보이는 것은 양봉래가	但見楊蓬萊
바위 위에 남긴 큰 글자뿐이라네	石上留大字
새기고 그리는 것 조물주가 하는 것이니	刻畵造化形
이 일 또한 크게 방자한 일이네	此事亦太恣

_이경석, 「풍악록」

자연은 있는 그대로 보존하는 것이 가장 좋으며, 조물주가 아닌 인간의 손에 의한 것은 훼손으로 본 그의 소신을 엿볼 수 있다. 양사언의 필체에 대해 옳지 못하다는 내심을 보인 인물은 이경석이 유일하다.

만폭동 입구에서 양사언의 초서를 본 유람객들은 만폭동의 여러 못과 시내를 지나 보덕굴에 도착하였다. 보덕굴은 벼랑 끝에 쇠기둥을 세워 그 위에 지은 작은 암자이다. 벼랑 끝에 매달린 새둥지 같은 이 암자는 그 모습의 특이함과 지어진 구조의 특이함으로 인해 유람객마다 이곳을 찾아 그 기이함에 대해 이야기했다.

> 천 길 위에 걸쳐 있었는데, 구리로 기둥과 기와를 만들고 허공에 기대어 지었다. 또 쇠사슬로 기둥과 마룻대를 매달고, 바위 위에 못을 박아놓았다. 조금 몸을 굽히고 누대를 따라 옮겨가며 돌면 쟁그렁 소리가 난다. 또 바위를 뚫어 길을 만들었고, 사이사이에 쇠사슬로 엮어 왕래하게 하였다.
> _이원, 「유금강록」

이원의 글처럼 유람객들이 직접 보덕굴에 들어가면 사람이 디딜 때마다 삐거덕거리는 소리가 나고 흔들리는 암자 때문에 모두들 진땀을 빼곤 하였다. 그리고 이 보덕굴에는 바닥에 절벽 아래를 볼 수 있는 작은 문을 만들어 그 문을 열면 천 길 벼랑이 보이게 만들어 두었다. 유람객들은 그 문을 열어보고 '아래에는 땅이 없다.'며 아찔한 광경에 할 말을 잃곤 하였다.

유람객의 숙식처가 되는 권역
: 외금강권

외금강권은 유람록에서 말하는 '외산'에 해당하는 곳이다. 외금강권에는 유점사, 신계사, 발연사, 은신암, 견성암 등의 절과 암자가 있고, 발연과 구룡연, 숙고, 십이폭포 등의 볼거리와 일출봉, 월출봉, 구정봉 등의 봉우리가 있다. 내금강권에 비해 사찰도 적고, 볼 만한 경치도 적은 편이다. 내산과 외산의 차이에 대해서는 금강산유람록에 나타나는 다음 글들을 보면 그 차이가 더욱 선명하게 부각된다.

〔1〕 외산(外山)의 경우 구정봉 서쪽은 흙이고 바위가 없으며, 구정봉 동쪽은 바위로 되어 있으나 희지 않아서, 하얀 옥이 우뚝 선 것 같은 내산(內山)만 못하였다. 하늘에서 작은 눈을 내려 외산의 더러움을 모두 덮어 깨끗하고 뽀얗게 장식한 모습을 드러내어 내산과 한 빛깔로 하얗게 빛났다. 이는 하늘이 숨어 사는 사람을 위해 한때의 절경을 제공한 것이리라.

_최유해, 「영동산수기」

[2] 대개 내산은 높고 빼어나며, 기이하고 가파르며, 골짜기는 맑고 아름다워서 인간 세상이 아니었다. 외산은 드넓고 웅대하며 내산을 감싸고 자물쇠로 잠근 듯 감추고 있었다. 여기서 조물주의 마음을 알 수 있다.

_신익성, 「금강내외산제기」

[3] 풍악의 내산은 모두 바위인데, 가파른 바위가 깎아지른 듯하여 넉넉하고 푸근한 맛이 없네. 외산은 둥글둥글하여 흙을 머리에 이고 동해를 향해 구부려 읍하는 듯하여 서로 자웅(雌雄)이 되네.

_윤휴, 「풍악록」

최유해와 신익성, 윤휴의 글에서 내산과 외산이 서로 다른 특징들 때문에 자웅이 되었다. 특히 최유해가 외산은 흙이고 바위는 없으며, 있는 바위도 희지 않아서 옥같은 내산만 못하다고 한 것처럼 대부분의 유람객들은 외산의 경치가 내산만 못하다고 보았다.

외산에서 유람객들에게 제일 주목받은 곳은 유점사와 발연사, 발연이었다. 유점사는 내금강의 장안사와 마찬가지로 금강산을 찾은 유람객들의 숙박지로 이용되었는데, 윤휴는 비 때문에 하루를 더하여 유점사에서 3일이나 머물렀다. 그리고 유창은 「관동추순록」에서 유점사에 대해 "절이 크고 화려하기로는 산중에서 제일이었다."고 회상하였다.

주로 금강산의 내산으로 입산한 유람객들은 장안사에서 숙박하며 금강산 유람을 시작하였고, 외산으로 입산한 유람객들은 유점사에서 숙박하며 유람을 시작하였다. 그런데 내·외산에 상관없이 장안사와 유점사는 각각 내산과 외산을 대표하는 사찰로 유람객들의 숙식처가 되었다.

민지(閔漬)의 「유점사기」에 유점사의 창건 설화가 전하고 있다. 금강산 유람객들은 유점사 승려들의 입을 통해서 또는 기문을 인용하여 유점사의 창건 설화를 세세하게 전하고 있다. 이곡의 「동유기」에는 "신라 때에 53구의 불상이 종을 타고 서쪽 천축(天竺)으로부터 바다를 건너와서 고성의 해안에 배를 대고, 다시 유점사에 이르러 머물렀다."고 전한다. 그런데 금강산을 찾은 유람객들은 한결같이 이 이야기의 허탄함을 지적하였다. 특히 남효온은 일곱 가지 항목을 들어 조목조목 그 허탄함을 비판하였는데, 그 하나를 예로 들어보자.

삼가 살펴보건대 민지의 기문에는 일곱 가지 큰 망언이 있으니 하나도 취할 만한 것이 없다. 쇠가 물에 뜨는 이치가 없는데 그 글에 "사위국에서 주조한 종과 불상이 바다에 떠서 월지국을 지나 신라에 이르렀다."라고 하였으니, 이것이 첫 번째 큰 망언이다. 쇠는 스스로 움직일 이치가 없는데 그 글에 "고성의 강에 이르러 금불상이 스스로 금강산의 유점사로 들어갔으며, 또 끓어오르는 물을 피하여 구연동 바위 위로 날아 들어갔다."라고 하였으니, 이것이 두 번째 큰 망언이다.

_남효온, 「유금강산기」

남효온뿐만 아니라 금강산을 찾은 유람객들이 유학자였으므로 합리에 근거하여 불교의 허탄함을 지적하였다. 이러한 창건 설화부터 시작하여 유점사에 있는 물상은 유람객들의 관심사였는데, 그중 하나가 유점사의 산영루(山影樓)다. 산영루에 대해서는 유람객들이 다음과 같이 기록하였다.

[1] 산영루는 큰 시내에 걸쳐서 웅장하게 지은 집이다. 단청한 난간과 서까래가 위아래로 빛났으며, 가을색은 정말로 아름답고 비단 같은 바위가 광채를 띠고 있었다.
_신익성, 「유금강소기」
[2] 소나무와 회나무 사이로 드러난 산영루가 매우 아름다웠다.
_이하진, 「금강도로기」

[3] 산영루는 건물의 규모가 커며, 절의 문에 인접해 있다. 산영루 밑에는 무지개 모양의 돌문이 나 있는데, 큰 냇물을 끌어다 그 가운데로 흐르도록 하였다. 회나무와 잣나무가 줄을 이루고, 푸른 산봉우리들이 주위를 두르고 있다. 땅에서는 바늘을 끌어당길 만한 자석이 생산되는 곳이 네다섯 군데고, 고금의 싯구를 판각해 놓은 것이 매우 많았다.
_유창, 「관동추순록」

위의 글들을 종합해 보면 산영루는 유점사 앞 큰 시내 무지개 모양의 돌문에 걸쳐서 지어진 큰 누각으로 단청이 화려하며, 주위의 경관도 뛰어나다는 것을 알 수 있다. 유점사를 찾은 유람객들은 이 산영루에 올라 주변의 경치를 감상하며 시를 짓고 판각하여 누에 걸어 두었으니, 산영루가 금강산의 외산에서는 빼놓을 수 없는 휴식처였다는 것을 짐작할 수 있다.

그러나 18세기로 넘어가면 신계사가 외산 유람의 시발점과 종착점이 된다. 17세기 이전까지 금강산 유람에서 거의 등식처럼 나타나는 것이 내산에서의 유람은 장안사에서 시작하고, 외산에서의 유람은 유점사에서 시작하는 것이었다. 즉 장안사와 유점사가 금강산 유람을 시작하는 이들에게 베이스캠프와 같은 역할을 하는 곳이었다.

신계사는 금강산 입구 온정동에 있으며 유점사, 장안사, 표훈사와 함께 금강산의 4대 사찰 중 하나였다. 하지만 남효온이 금강산을 찾았을 때는 터만 남아있었으며, 후에 정엽이 찾았을 때는 불전만 새로 지어졌다. 나중에 유람객들로 인해 험한 곳 오르는 것을 꺼린 인근의 종에 의해 불태워졌다. 그러므로 사실상 17세기까지 금강산을 유람한 유람객 중 신계사에서 묵은 유람객은 거의 없었다. 폐사와 중건을 거듭하는 과정이어서 유람객들의 숙박처가 되지 못하였다. 그러나 18세기로 접어들면서 유점사는 여러 번의 화재로 점점 퇴락하고, 신계사가 외산을 대표하는 사찰로 부각되었다. 후대로 가면서 신계사는 금강산 4대 사찰의 위상을 갖추었다.

유점사 외에 외금강권에서 또 하나 주목할 만한 유람지는 발연이다. 발연에는 발연폭포와 발연사가 있는데, 유람객들은 발연사에서 숙박을 하거나, 발연폭포를 구경하고 발연에서 '치폭(馳瀑)'을 구경하였다. 치폭은 발연사 승려들이 시연하는 물놀이로 산중의 큰 구경거리였는데, 거기에 대해 유람객들은 다음과 같이 적고 있다.

[1] 절의 승려가 물장난하기를 좋아하여 위에서부터 바다까지 미끄러져 흐름을 타고 내려갔다. 혹 머리가 먼저 내려가

고 발이 뒤따르거나, 혹 발이 먼저 내려가고 머리가 뒤따르기도 하였다. 종횡으로 내려오면서 넘어지고 뒤집어지기도 하다가 바다에 이르면 멈추었다. 비록 순풍의 돛이나 진중(陣中)의 말이라도 그 속도에 견주기에는 부족하였다. 그러나 바위가 넓고 완만하며 조금 높고 경사지며, 물속의 돌들이 갈고 닳아서 미끄럽기가 기름 같아 종일 장난을 하여도 다치거나 부러지는 사람은 없었다.

_이원, 「유금강록」

[2] 풀을 꺾어 그 위에 앉아 흐르는 물을 따라 곧장 내려가면 빠르기가 달리는 말과 같다. 익숙한 사람은 솜씨 좋게 돌면서 내려온다. 타보지 않은 사람은 혹 바로 내려오기도 하지만, 혹 거꾸로 내려오기도 하여 머리와 발이 멋대로 돌아 못의 바닥에 빠져버린다고 한다. 성정에게 타보라고 하니, 익숙하지 않은 사람이라 머리를 거꾸로 하고 몸을 옆으로 하여 내려갔다. 나도 모르게 깔깔대고 웃었다. 그러나 몸과 피부는 다치지 않으니, 사람들이 그 놀이를 싫어하지 않았다.

_홍인우, 「관동록」

치폭에 대한 기록은 거의 모든 유람록에 등장한다. 그리고 그 내용 또한 위의 글들과 유사하다. 경우에 따라 승려들이 벌거벗은 몸으로도 치폭을 즐겼고, 유람객들은 발연가에서 그 모습을 그대로 지켜보았다. 특히 남효온은 본인이 직접 폭포를 타고 "여덟 번을 내려가서 여섯 번을 바로 내려갔다. 바위 위로 나와 손뼉을 치며 크게 웃었다."라고 하였다. 그리고 구경꾼들은 한결같이 산중의 기이한 구경거리라고 표현하였다.

금강산 유람을 하면서 금강산 최고봉인 비로봉을 등정한 사람은 많지 않았다. 산을 유람할 때는 반드시 정상에 오르는 것이 일반적이지만 금강산은 예외였다. 17세기까지 금강산 유람에 나선 인물은 모두 32명이지만 비로봉까지 오른 사람은 8명에 불과했다. 이는 비로봉에 오르는 길이 그만큼 험하다는 방증이기도 하다.

18세기 유람에서는 오히려 등정 인원이 줄었다. 18세기 유람에서 비로봉에 등정한 사람은 이서, 김창석, 이하곤, 정기안, 오재순, 유정원, 안석경 7명뿐이다. 전반적인 유람기일도 길어졌고, 금강산 내에서 머무는 기간도 더 길어졌다. 그런데 비로봉에 등정한 사람은 오히려 줄었으니, 금강산 유람이 여타 산의 유람과는 다른 양상이라 할 수 있다.

당시 유람객들은 금강산에 거처하는 승려들을 남여를 매는 남여꾼으로, 그리고 길을 안내하는 안내자로 삼았다. 그런데 비로봉에 오르는 길이 매우 험했으므로, 승려들도 비로봉 오르기를 꺼렸다. 그러므로 유람객이 고집을 부려 강단 있게 나서지 않으면 이들이 비로봉 등정을 포기하도록 만들었다. 이러한 모습은 18세기에도 계속되었는데, 이서의 「동유록」에 나타난 다음 기록을 통해서 알 수 있다.

> 구름과 안개가 자욱하고 비바람이 음산하니 모두 두려워하며 나에게 절로 돌아가자고 했다. 내가 말하기를 "내가 한양을 떠나오던 날 오직 비로봉과 망경봉에 오를 작정하였으니, 옷이 다 젖을지언정 중도에서 그만둘 수는 없다. 기어코 오르고서야 말 것이다."라고 말했다.
> _이서, 「동유록」

여기서도 유람에 동행한 승려들은 비로봉 등정을 두려워하며 속히 절로 돌아가자고 요구하지만 이서가 끝까지 고집을 부려 등정에 성공하게 된다. 이서뿐만 아니라 비로봉에 등정한 나머지 인물들도 대부분 그들이 포기하지 않고 고집을 부린 결과로 비로봉에 발을 디딜 수 있었다. 그러므로 비로봉 등정을 마친 사람들은 그 과정을 다음과 같이 설명하기도 했다.

일어나 장차 내려가려는데, 바다 가운데 안개 기운이 곳곳에서 용솟음치는 것이 혹 일산을 휘두르는 듯, 무지개인 듯, 이어졌다가 혹 끊어졌다 하는 것이 형태가 기괴했다. 수백 보를 못 가서 이미 산 천체를 덮어 버렸다. 승려들이 와서 축하하며 말하기를 "비로봉의 유람이 어려운 까닭은 혹 입구에 들어와 비를 만나거나, 중도에서 피로가 심하거나, 올라와도 안개로 막혀 어두워 보지 못하고 돌아가기 때문인데, 이와 같은 경우가 열에 8,9번입니다. 이번 행차는 하늘이 반나절 청명함을 빌려주었으니 인연이 있다고 할 수 있습니다."라고 했다. 다리가 쑤셔대고 위태롭고 두려운 것이 올라갈 때보다 갑절이나 되었다.

일찍이 이 산을 유람하는 사람은 바지 한 벌이 모두 헤지는데, 바위에 쪼그리고 앉아 구르면서 내려오기 때문이라고 들었다. 마침 따르는 종자의 새 바지에 살갗이 드러난 것을 보고 나도 모르게 웃음이 나왔다. 골짜기 가운데 눈이 쌓인 곳에 이르자 승려가 밥을 갖추어 내어와 기다리고 있었다. 눈 위에 그릇을 놓고 얼음을 긁어 같이 씹으니 또한 한결 맑고 상쾌했다.

_유정원, 「유금강산록」

유정원은 아들과 함께 비로봉 정상에 올랐는데 구름과 안개로 경치를 조망하지 못하고 안타까워하고 있던 찰나에 바람이 불어 구름이 걷히면서 금강산의 전경을 조망할 수 있게 되었다. 이에 감탄하며 술에 취해 쓰러져 자다 종의 부름에 깨어 서둘러 정상에서 내려오게 된다. 걷지 못하고 거의 구르면서 내려오기 때문에 바지 한 벌이 모두 헤졌다고 하는 부분에서 비로봉 등정의 험함을 짐작할 수 있다. 특히 올라갈 때도 위험하지만 내려올 때의 위태로움과 두려움도 크다는 것을 위의 글을 보면 알 수 있다. 이러하기에 비로봉을 오르려 시도했던 많은 사람은 대부분 정상에 오르지 못하고 되돌아와야 했으며, 이러한 경우가 열에 8~9번이었다고 하니 그 어려움을 짐작할 수 있다.

그리고 18세기 후반에 만물상(萬物相)이 등장한다. 17세기 이전까지의 금강산 유람객들의 일정에는 만물상이 등장하지 않는다. 금강산 유람은 주로 내산 중심이었으며, 외산의 구룡연, 만물상 등 명승은 찾는 사람이 적었다. 당시 외산에는 유점사, 발연, 신계사, 십이폭포, 은선대 등 볼만한 곳이 적었으며, 내산에는 알려진 명승이 외산보다 더 많았다. 오늘날 금강산의 대표적인 명소로 주목받는 구룡연도 당시는 길이 험하여 거의 찾지 않는 곳이었다.

이런 추세는 18세기에도 지속되었지만, 서서히 새로

운 지역이 유람객들에 의해 등장하였다. 대표적인 경우가 오늘날 만물상(萬物相)으로 알려진 만물초(萬物初)이다. 금강산 유람록에서 만물초가 처음 등장하는 것은 안석경의 「동유기」에서이다. 안석경은 만물초에 대해 다음과 같이 기록하고 있다.

> 학사 홍경해(洪景海)가 금성 군수로 있을 때 신계사 승려와 매우 친했다. 일찍이 이 기록을 근거로 물었더니, 승려가 이 골짜기로 안내하여 보여 주었다. 홍학사는 깊숙한 곳까지는 들어가지 않고, 입암으로 들어가서 우러러보며 만물초(萬物草)라고 이름 지었으니, 대개 조물주가 이곳에서 처음으로 만물을 만들었다 하여 그렇게 지은 것이다.
> 내가 '초(草)'자는 고상하지 않으니 '초(初)'자로 고치자고 하였다. 옛사람이 이른바 만물의 시초라는 것은 조화(造化)의 시작을 가리킨다. 땅은 축(丑)에서 열리고, 인물은 인(寅)에서 생긴다. 이 골짜기의 사람처럼 생기고 사물을 닮은 바위들이 실제로 축에서 모양이 만들어졌으니, 진짜 사람과 사물이 생기지 않은 때이다. 그러니 만물의 시초라 말해도 옳지 않겠는가?
> _안석경,「동유기」

이 기록에 의하면 학사 홍경해(洪景海, 1725-1759)가 금성 군수로 있을 때 이곳을 처음으로 찾아 조물주가 이곳에서 처음으로 만물을 만들었다는 뜻을 담아 '만물초(萬物草)'라 이름 지었다. 안석경은 이름에서 '초(草)'자는 고상하지 않으니 '초(初)'자로 고치자고 하여 만물의 시초를 나타내는 뜻을 담아 '만물초(萬物初)'라 하였다고 한다. 그러나 이도현은 「유금강산기」에서 만물초에 대해 다음과 같이 기록하고 있다.

> 신계에서 동쪽으로 20리 지점이 온정(溫井)인데 매우 특이했다. 그 북쪽으로 30리 떨어진 곳에 이른바 만물초(萬物草)가 있었다. 뭇 봉우리가 깎아지른 듯 솟아 삼엄하게 벌여있고, 우뚝한 바위는 크고 깨끗한데 그 안의 둘레가 40리 정도이며, 산의 풍광이 중향성과 비슷했다. 내가 앞서 비로봉에서 바라볼 적에 그 기이함을 알았는데, 이곳에 이르니 마침 운무가 자욱하여 다신 그 진면목을 보지 못했다.
>
> 그 옛날 유람했던 문사들은 모두 이 골짜기가 있음을 알지 못했고, 근래 금성 현령(金城縣令) 홍계유(洪啓裕)가 처음으로 그 이름을 '만물초'라 하였는데, 이 이름이 홍계유가 지었는지는 모르겠다. 아니면 아마도 야인(野人)의 비루한 명칭일 것이다. 천불동(千佛洞)이라 부르는 이도 있다고 들었는데, 또한 전혀 의미가 없는 것이니 이름을 바꾸지 않을 수 없다. 이에 이름을 바꾸고자 하여 옥청동(玉淸洞)이라 하였다.
>
> _이도현, 「유금강산기」

이도현은 만물초가 금성 현령 홍계유(洪啓裕, 1695-1742)에 의해 처음으로 불린 명칭이라 하여 안석경과는 다른 정보를 제공하고 있다. 그리고 정말 홍계유가 지었는지 알 수 없으며, 그가 지은 것이 아니라면 '아마도 야인(野人)의 비루한 명칭일 것이다.'라고 하였다. 만물초라는 이름이 지어진 정확한 연유에 대해 밝혀진 것이 없음을 언급하고 있다. 그러므로 이곳을 '천불동'이라고도 불린다고 하였다. 안석경도 이곳을 '천불동'이라고도 한다고 기록하였다.

'만물초(萬物草)', '만물초(萬物初)', '만물초(萬物肖)', '천불동(千佛洞)'이라는 명칭은 모두 천 가지, 만 가지 이상의 모습을 가진다는 뜻을 내포하고 있다. 즉 세상에 존재하는 만물의 모습을 지닌 곳이라는 뜻이 된다. 여기에서 오늘날 '만물상(萬物相)'이라는 명칭이 유래된 것으로 보인다. 거기에 있는 온갖 만물의 모습에 대해 조위경은 다음과 같이 세세하게 묘사하여 만물초의 모습을 상상할 수 있도록 했다.

동쪽으로 작은 고개 하나를 넘으니 온정(溫井)이라는 이름의 우물이 있다. 기록에 의하면 수원(水源)에서 유황(硫黃)이 나와 사람의 질병을 낫게 한다고 하여 모두 몇 바가지를 마셨다. 30여 리를 가서 사항(獅項)에 올랐다. 만물이 과연 바로 앞에 있었는데, 바위가 온갖 형상을 갖추고 있으므로 이같이 부른다고 한다. 갑옷에 투구를 쓴 장군 같은 것, 붓을 비녀로 꽂은 학사(學士) 같은 것, 도사의 모자 같은 것, 붉은 가사를 입은 것, 칼춤을 추는 것, 날개를 달고 있는 듯한 것, 홀을 갖고 노는 듯한 것, 두건을 쓴 듯한 것, 낚싯대를 드리운 듯한 것, 광주리를 끼고 있는 듯한 것, 정수리를 꾸민 듯한 것, 긴 다리 같은 것, 벌목꾼 같은 것, 산도깨비 같은 것이 있었다.

또 학의 정강이, 세모난 창, 꿩의 날개, 장식한 창, 빛나는 해, 나부끼는 바람, 종과 편경, 솥과 화로, 돛과 돛대, 옹기와 시루, 술독과 술잔, 들보와 기둥, 다리 모양으로 나는 기러기, 작은 수레 같았다.

또 구름을 거느린 신룡, 바람을 일으키는 맹호, 늙은 표범, 신령한 무소, 누운 양, 웅크린 현(貋), 괴상한 기(夔), 구슬피 우는 원숭이, 붉은 정수리의 학, 구포(九苞), 날개 치는 것, 아스라한 둥지, 수비둘기, 기러기와 같았다. 또 물 위로 피어난 연꽃, 눈 속에서 꿋꿋한 매화, 수선화, 감귤나무, 천축, 목련, 사당(沙棠), 회나무, 단풍 숲, 낭간(琅玕), 애납(艾蒳)과 같았다. 천태만상의 바위들이 각기 이름을 가지고 있었다.

또 제기를 벌여놓은 대자리 위의 혜강(嵇康)과 완적(阮籍)이 발을 뻗고 앉아 휘파람 부는 듯한 것, 단장한 여자들 속의 형가(荊軻)와 섭정(聶政)이 울기도 하고 웃기도 하는 것, 창과 갑옷으로 무장한 군대 속에서 선불(仙佛)이 앞서기도 하고 뒤서기도 하는 것 같아 뒤섞이고 어지러워 분별할 수 없으니 정돈된 것 가운데 정돈되지 않은 것이 있고, 정돈되지 않은 것 가운데 정제된 것이 있었다. 황홀하고 현란하며 지극히 깨끗하고 순수하게 희어서 비교하자면 태고 원시적의 눈과 순수함을 다투는 듯하여 우주간의 기이한 볼거리였다. 지금 본 것은 구만물초(舊萬物肖)이고 또 신만물초(新萬物肖)도 있다고 하는데 직접 보지 못해 아쉬웠다.

_조위경,「금강유산기」

만물상

만물초의 형상을 보고 묘사한 조위경의 글에는 동물, 식물, 사람, 움직이는 형상, 역사 속의 인물 등 그 묘사된 종류가 수도 없이 많다. 이는 만물초의 형상이 그만큼 세상에 존재하는 온갖 만물들의 모습임을 방증하는 것이다. 그러므로 이 만물초의 경치를 안석경은 구룡폭포, 비로봉과 함께 '금강산 삼걸(三傑)' 중에 하나라고 하였다. 경치가 수려한 곳이기는 하지만 이 지역은 매우 험하였으므로 18세기 후반까지 유람객들의 발길이 닿기 어려운 곳이었다. 그러므로 유람객을 안내하는 승려들도 되도록 그곳을 가지 않으려 하였다. 이는 안석경의 다음 인용문을 보면 좀 더 명확해진다.

> 처음에 권진사와 함께 9일에는 구룡폭포를 구경하고 머물면서 시인의 고사를 남기고, 10일에는 만물초 봉우리로 들어가자고 약속하였다. 그러나 승려들이 모두 말하기를 "이번에 내린 비는 2,3일에 개지 않을 것입니다. 구룡동은 음침하고, 만물초는 지세가 높고 추우며, 비에 젖었으니 갈 수 있는 곳이 아닙니다. 공연히 이 절에서 한가하게 시간을 보내지 마십시오."라고 하였다.
> _안석경,「동유기」

안석경은 민순지(閔順之), 신자익(申子翊)과 함께 만물초에 가기 위해 신계사에서 비가 그치기를 기다렸다가 출발하려는데 승려들이 한 말이다. 구룡동은 음침하고, 만물초는 지세가 높고 추우며, 비에 젖어 갈 수 있는 곳이 아니니 그 일정을 포기하라는 것이었다. 이 말대로 안석경은 구룡동과 만물초 유람을 포기하고 발길을 돌려 동해로 나가 총석정을 유람하고 난 다음 다시 금강산으로 들어가 구룡동과 만물초를 찾았다.

만물상 가는 길

두 번째 찾았을 때도 민순지와 신자익은 길이 너무 험하여 중도에 수차례 그만두려는 것을 안석경이 독려하여 겨우 구룡폭포만 구경하고, 험한 길에 질려서 만물초 유람은 포기하고 만다. 이처럼 구룡동과 만물초는 유람객들을 두려움에 사로잡히게 만드는 곳이었으므로 근접하는 것조차 어려운 곳이었다.

금강산으로 향하는 유람길에 많은 객점이 생겨 유람객들이 객점에서 유숙하게 되고, 금강산을 찾는 유람객이 많아져 금강산에서 수시로 유람객을 조우하게 되는 현상이 나타나는 것과는 대조적이다. 유람객들이 많아지기는 했지만, 오늘날처럼 등산로를 정비하고 편의를 제공하는 등의 활동이 이루어지는 시대가 아니었으므로, 금강산 내에서의 유람 경로가 변화되거나 새로운 유람지가 등장하기는 어려운 시대였다.

만물상과 가까운 강원도 고성에 온정(溫井)이 있다. 여기는 온천이 있어 세조도 양주, 포천, 철원을 거쳐 금강산 동구(洞口)에서 묵고, 장안사, 정양사, 표훈사를 둘러본 다음 고성의 온정(溫井) 행궁에 도착하여 온천욕을 했다. 「유금강내외산제기」를 쓴 신익성(申翊聖, 1588-1644)도 중풍으로 인한 마비증세로 휴직을 청해 온정의 온천에서 목욕하였다. 그 길은 세조와 같이 단발령(斷髮嶺)을 넘어 금강산의 내산과 외산을 두루 거치고, 구재(狗岾)로 나와 온정에 도착하는 길이었다. 그는 이곳을 금강산 신계동(新溪洞)이라 하였다.

추강 남효온(南孝溫, 1454-1492)도 금강산 유람길에 이곳에서 5일이나 머물며 온천욕을 즐겼다. 그리고 조위경(趙緯

經, 1698-1780)은 「금강유산기」에서 이곳을 지나면서 "기록에 의하면 수원(水源)에서 유황(硫黃)이 나와 사람의 질병을 낫게 한다고 하여 모두 몇 바가지를 마셨다."고 하였다. 실제적인 '신병(身病)의 치유'를 위해 금강산으로 향한 사람들도 있었음을 보여주는 기록들이다.

바다와 산이 공존하는 권역
: 삼일포·총석정권

 삼일포는 금강산의 외산을 벗어난 동해 바닷가에 위치한다. 여기는 영랑, 술랑, 안상랑, 남석랑 네 화랑이 경치의 아름다움에 매료되어 삼일동안 머물며 돌아갈 것을 잊었던 곳이다. 삼일포권에 드는 유람지로는 사선정, 단서암, 해산정, 학포, 총석정, 국도, 금란굴 등이 있다. 홍인우는 「관동록」에서 삼일포에 대해 다음과 같이 기록하였다.

> 삼일포의 둘레는 6,7리가 될 만하였다. 멀거나 가까이에 있는 겹쳐진 봉우리들이 숨었다가 보였다가 하며 삼일포를 빙 둘러싸고 있는데, 이른바 36봉이다. 삼일포 안에는 소석도(小石島)가 있고, 섬 위에 띠풀로 된 정자가 있었다. 정자에는 오래된 소나무 6,7 그루가 있는데, 모두 구불구불 서리어 고상하고 예스러웠으며, 그 그림자가 호수 가운데로 잠겼다.
> _홍인우, 「관동록」

삼일포에서 사선정과 단서암을 둘러보고 동해안 쪽으로 나오면 만나게 되는 곳이 해산정이다. 해산정은 금강산 유람을 마치고 동해로 나와 총석정을 유람하며 뱃놀이를 하거나, 또는 낙산사나 설악산 쪽으로 내려가고자 하는 유람객들이 머물며 숙박한 곳이다. 민인백, 정엽, 신즙, 이명준, 이경석, 유창, 이하진 등 많은 유람객들이 해산정에서 묵으며 일출과 월출을 구경하였다. 해산정의 정경에 대한 묘사는 이하진의 다음 글이 가장 현실감 있다.

> 정자는 고성군의 성(城)을 누를 듯한 기세로 꼭대기에 위치하고 있다. 오른쪽으로는 금강산의 넓은 기운을 들여놓고, 왼쪽으로는 끝없는 동해에 임해 있다. 앞쪽에서 둘러 흐르는 남강은 가까이서 고리처럼 감싸 안고 있다. 동쪽과 서쪽 두 개의 귀암(龜岩)은 끊어진 산 위에 솟아 있는데, 그 기이하고 교묘한 모습은 형용하기 어렵다. 봉우리는 칠성봉(七星峯)이 있고, 바위는 단혈암(丹穴巖)이 있는데 모두 눈 안에 들어온다. 새벽이 되어 창문을 열면 해나 달이 뜨는 것을 볼 수 있는데, 툭 트여 시원하며 밝고 고운 경치는 정양사에서는 볼 수 없는 것이다.
> _이하진, 「금강도로기」

해산정은 동해안에 인접한 뛰어난 경치와 전망을 지니

고 방안에서 일출이나 월출을 볼 수 있는 곳이었으니, 유람객들에게 사랑을 받던 곳이다. 이곳에서 머물고 바다로 나간 유람객들은 총석정과 국도, 금란굴 등을 구경하였고, 그보다 더 내려와서는 현종암과 감호 등을 구경하였다.

18세기에 들어 처음으로 해금강이 새로이 등장한다. 해금강 유람은 1714년 이하곤(李夏坤, 1677-1724)의 「동유록」에서 처음 나타난다. 이하곤은 다음과 같이 해금강 유람을 기록했다.

삼일포의 사선정과 단서암

16일. 아침에 대호정(帶湖亭)에 배를 띄워 적벽(赤壁)을 구경하고 바다 입구로 나왔다. 칠성암(七星巖)에 오르고 군옥대(群玉臺)를 들렀다가 '해금강(海金剛)'을 유람하고 해 질 무렵에 돌아왔다. 날이 저물어서 삼일포 유람을 하지 못했다.

_이하곤, 「동유록」

이하곤의 유람록에는 해금강이라는 명칭만 처음으로 등장하고 해금강에 대해 상세하게 묘사되지는 않았다. 해금강에 대한 상세한 묘사는 어유봉의 다음 기록에 자세하게 묘사되었다.

이른바 해금강이란 곳은 바닷가에 쌓인 바위가 층층이 포개지거나 무더기로 모여서 몇 리에 이어져 있는 것이었다. 기이한 봉우리와 괴이한 절벽이 깎아지른 듯 우뚝하고, 파도가 침식하여 구멍을 뚫어 귀신이 깎고 새긴 듯하여 이름을 짓거나 형상할 수 없으며, 그 빛깔은 모두 서리나 싸락눈처럼 하얗다. 언뜻 보니 중향성 일대를 바닷가로 옮겨 놓은 것이 아닌가 의심스러웠다. 해금강이라 이름을 얻은 것은 이 때문일 것이다.

배로 그 아래에 이르러 마음껏 물길을 따라 거슬러 올라갔다. 두 봉우리 사이로 배를 타고 빠져나가기도 하고, 배를 대고 겹겹의 봉우리 위에 오르기도 하였다. 어루만지고 구경하기를 책상에 놓인 물건같이 할 뿐만이 아니었다. 사람들이 전후로 유람객이 해금강을 구경하는데 오늘처럼 조용한 적은 없다고 말하였다.
_어유봉, 「재유금강내외산기」

'기이한 봉우리와 괴이한 절벽이 깎아지른 듯 우뚝하고, 파도가 침식하여 구멍을 뚫어 귀신이 깎고 새긴 듯하여 이름을 짓거나 형상할 수 없으며, 그 빛깔은 모두 서리나 싸락눈처럼 하얗다.'라고 한 부분이 해금강에 대한 전체적인 모습이다. 기이한 봉우리와 괴이한 절벽이 눈처럼 하얀 것이 해금강의 압축된 모습으로 이곳을 찾는 사람이 많았음은 마지막에 '오늘처럼 조용한 적이 없다.'라고 한 부분에서 읽을 수 있다. 이것이 1733년 해금강의 모습이니 18세기에 들어서면서 해금강은 이미 사람들에게 그 이름으로 많이 알려져 있었다는 것을 알 수 있다. 그리고 해금강 유람의 구체적인 모습은 다음의 기록에 잘 나타나 있다.

해금강은 간성군의 동북쪽 10여 리에 있는데, 바다의 암벽과 봉우리가 그 모습이 기이하고 교묘하여 금강산과 비슷하기 때문에 이름하였다. 배를 띄워 오르락내리락하면서 깊은 바다를 내려다보니, 맑은 물결이 바닥까지 훤히 보여 물고기 수염도 셀 수 있었다. 뱃사공이 말하기를 "물속에는 온갖 것이 없는 게 없어서 그 수가 육지에서 나는 것보다 몇 곱절이나 됩니다."라고 했다. 시험 삼아 굽어 내려다보니 이름을 아는 것 외에도 기이하고 괴이한 모양으로 순간순간 지나가는 것들이 많을 뿐만이 아니었다. 이로써 유추해 보자면, 먼바다 너머의 인류는 또한 장차 이 물고기와 같을 것이다. 형태나 기질이 괴이한 것이 많다는 것은 괴상할 것이 없었다. 칠성봉 아래에 배를 정박시키고 어부에게 큰 그물을 던지게 하니 한꺼번에 수백 마리를 잡았다. 또 장대로 생전복을 따게 하니 거의 수십 개에 이르렀는데, 애초 고기를 잡을 목적이 아니었다.

_채지홍, 「동정기」

채지홍(1683-1741)은 해금강 바닷물의 맑음을 '물결이 바닥까지 훤히 보여 물고기 수염도 셀 수 있다.'라고 표현하였다. 주변의 뛰어난 경관과 맑은 물이 어우러져 승경이 되었다. 여기에서 유람은 단순히 경관을 조망하는 유람에서 그치지 않고 배 안에서 물고기를 잡고, 전복을 잡는 어부들의 생활도 하나의 구경거리가 되었다. 해금강이라는 이름으로 알려지기 전에는 볼 수 없었던 유람의 모습이다.

총석정은 해안에 있어서 배를 타지 않아도 구경이 가능했지만, 국도, 금란굴 등을 구경하려면 배를 타고 바다로 나가야 했다. 총석정을 구경한 다음 배를 띄우고 남쪽에 있는 금란굴과 묘도를 구경하였고, 바다에서 소라, 전복, 홍합, 미역 등을 따서 배 안에서 조리하여 술과 함께 먹고 마시며 유람의 흥을 돋우기도 하였다. 남효온은 배를 타고 바다로 나가지는 않았지만, 맨발로 총석정으로 내려가 동행인들과 함께 물장난하기도 하고, 해안에서 각종 해산물을 따오게 하여 조리를 해서 먹기도 하였다.

총석정에서 국도, 금란굴 등을 구경하려면 파도가 높지 않아야 한다. 그래서 이현영 같은 경우는 바다로 나가려 하였으나 파도가 높아 나가지 못하고 발길을 돌려야 했다. 유창은 바람이 세차 국도를 보지 못하고 배를 돌려 안변의 관아로 돌아가 3일을 묵은 다음 다시 찾아 구경하기도 했다.

동해 쪽에서 삼일포와 해금강은 같은 고성군에 인접해 있었으나 총석정은 북쪽으로 적어도 80리 이상 떨어진 통천군에 있었다. 그러므로 금강산을 찾은 유람객들이 삼일포와 해금강은 유람하면서도 총석정은 다시 품을 내어 적어도 반나절 이상은 걸어야 찾을 수 있는 곳이었으므로 유람하지 못하고 돌아가는 경우가 많았다. 그러나 이러한 추세가 변하여 18세기로 들어서면서 총석정을 찾는 유람객들이 점차 더 늘어나게 되었다.

17세기 이전까지 총석정은 가고 싶지만, 시간과 여건이 허락하지 않아 지나치는 승경이었다면 18세기로 들어서면서 금강산을 유람하는 사람이라면 반드시 거쳐 가는 유람지로 변화되었다.

황홀한 일출과 월출의 권역
: 낙산사·경포대권

　낙산사·경포대권은 금강산의 경계에는 포함되지 않는 곳이다. 하지만 금강산유람록을 살펴보면 유람에 나선 인물들 중 유람기일이 길었던 유람객들은 금강산을 벗어나 이곳까지 구경한 인물이 많다. 낙산사·경포대권에는 금강산을 벗어난 동해안 지역과 양양의 낙산사, 경포대, 설악산까지 포함되는 범위이다.

　금강산유람록을 가장 먼저 남긴 이곡은 낙산사, 경포대를 거쳐 삼척의 죽서루, 울진의 성류굴까지 유람하였다. 유람객들은 여기를 지나 금강산으로 들어가거나, 이 권역을 지나고, 설악산을 지나 한양으로 돌아가는 경우가 있었다. 그것은 각자 귀로지가 어디냐의 차이에 따라 나타났다.

　삼일포에서 낙산사까지 가는 동해안에는 화진포, 무송

도, 청초호, 청간정, 만경대, 영랑호 등 해안을 따라 절경을 자랑하는 명소들이 많았으며, 그 해안에는 이른바 '명사(鳴沙)'도 있었다. 유람객들마다 이 명사의 신기함과 아름다움을 표현하였다.

> 평평한 모래가 넓게 십 리 사이에 있는 것을 통틀어 '명사'라고 한다. 사람과 말이 밟으면 바스락 소리가 나니, 이것이 그 증거이다. 모래 주변에 해당화가 무수히 흐드러지게 피었다. 남은 꽃이 회오리바람에 말발굽 사이로 어지럽게 떨어졌다. 이전 사람들의 시에 이른바 "명사십리에 해당화 붉게 피었네.[鳴沙十里海棠紅]"라고 한 것이 이것이다.
> _양대박, 「금강산기행록」

밟으면 바스락거리는 소리가 나서 '명사'라고 부르는 하얀 모래사장이 십 리에 걸쳐 뻗어 있으므로 '명사십리'라고 하였다. 이 하얀 모래사장이 붉은 해당화, 푸른 바다와 어우러져 연출해내는 경치가 매우 아름다웠다. 유람객들은 눈앞에 펼쳐진 아름다운 광경에 대해 모두 한 마디씩 남기곤 했다. '명사십리해당홍'이라는 말은 고려 시대의 승려 선단(禪坦)이 지은 「유영동(遊嶺東)」이라는 시 "명사십리에 해당화 붉게 피고, 흰 갈매기 짝을 지어 보슬비에 나누나.[鳴沙十里海棠紅, 白鷗兩兩飛疏雨.]"에서 나온 것이다. 금강산유람록에서는 최유해, 이현영, 윤휴 등이 이 구절을 인용하여 '명사십리'의 아름다움을 표현하였다.

옛사람들은 이처럼 동해를 따라 내려오면서 고성에 있는 건봉사를 숙박처로 많이 이용하였는데, 이 건봉사까지를 금강산이라 인식하였다. 지금도 건봉사에는 '금강산건봉사'라는 현판이 걸려 있어 옛사람들의 인식을 증명하고 있다. 1759년 간성과 횡성 지역의 진전(陳田) 실태를 조사하기 위해 강원 도사로 갔던 김종정(金鍾正, 1722-1787)은 금강산 유람을 하고 건봉사에 대해 다음과 같이 기록하였다.

> 건봉사는 군 동쪽 30리 거리에 있는데, 영동지방의 큰 사찰이다. 거처하는 승려가 거의 1백여 명으로 자못 재물이 풍부하다고 했다. 절의 누각과 무지개다리는 매우 장엄했으며, 물레방아는 어지럽게 울려 종소리와 서로 응했다. 한 승려가 여러 노승을 모아 화엄강회(華嚴講會)를 한다는 것을 듣고 불러서 더불어 이야기를 나누고 『화엄경』 몇 장을 읽었다.
> _김종정, 「동정일록」

이 기록에 의하면 당시 건봉사는 거처하는 승려가 100명이 넘고, 재물이 풍부한 절로 알려져 있다. 김종정이 말한 무지개다리는 지금도 존재하며, 곡식을 찧기 위해 존재했던 물레방아는 전하지 않지만 수십 기가 존재했던 물레방아를 보면 건봉사의 번성을 알 수 있다. 한편 거의 동시대에 건봉사를 찾았던 안석경(安錫儆, 1718~1774)은 건봉사에 대해 다음과 같이 기록하고 있다.

> 건봉사는 봉황이 서 있는 듯한 봉암이 건방(乾方)에 있다고 하여 '건봉'이라고 이름하였다. 푸른 기와를 얹고 붉은 용마루를 올려 시내를 끼고 지은 것이 모두 열네 곳이고, 물레방아가 32기, 별암(別庵)이 다섯 곳이었다. 절의 승려들은 부유하고 준마가 많았다. 토산(土山)이 절을 감싸 안고 있으며, 불전 옆의 높은 나무가 푸르게 무성하였다.
> _안석경,「동행기」

건방은 정서(正西)와 정북(正北) 사이의 한가운데를 중심으로 한 45도 각도 안의 방향을 말한다. '건방'에서 건봉사가 자리한 위치를 가늠할 수 있다. 기와에 용마루를 한 지붕이 14곳, 물레방아가 32기, 별암이 5곳이나 있다고 하니 사찰의 규모를 알 수 있으며, 이로 인해 승려들은 부유하고 말까지 소유하고 있을 정도이니 사찰의 번성이 대단했다. 그러나 우리가 건봉사를 찾았을 때는 당시의 위세를 느낄 수는 없었고 짐작만 할 수 있을 뿐이었다.

견봉사 현판이 '금강산건봉사'로 되어 있다.   건봉사 무지개다리

 이렇게 동해안을 따라 낙산사에 이른 유람객들은 거기서 묵으며 일출과 월출을 보고자 하였다. 낙산사의 해돋이는 뛰어난 장관으로 신익성은 「유금강소기」에서 "내가 해돋이를 본 것이 모두 세 곳으로, 해산정에서 세 차례 보고 청간정과 낙산사에서 모두 보았는데, 낙산사에서 본 것이 더욱 웅장했다. 세상 사람들이 낙산사 해돋이를 칭송하는 것이 다 이유가 있었다."고 하며 낙산사의 일출을 최고로 꼽았다.

낙산사 의상대

이와는 반대로 홍인우, 민인백, 이명준은 일출과 월출을 보려 했으나 날씨가 흐린 탓에 보지 못하게 되어 아쉬움을 토로하기도 하였다. 한편 윤휴는 낙산사에서 4일이나 머무르며 일출과 월출을 모두 구경하였다. 그가 감흥에 겨워 지은 다음 시를 보면 낙산사의 일출 또한 인간세계를 벗어난 비경이었음을 알 수 있다.

설악산 동쪽 바다 낙산사 정자에서	雪嶽東溟洛伽亭
붉은 해 푸른 하늘로 오르는 것 보네	直窺紅日上靑冥
바다와 산 끝난 곳에 명승이 있으니	海山窮處名區在
마치 호걸이 육경을 벗어난 것 같네	却似人豪出六經

낙산사에 머무르며 일출과 월출의 장관을 모두 구경한 윤휴는 발길을 설악산으로 돌려 신흥사와 계조암을 찾았다. 윤휴와 같은 경로로 설악산을 찾은 사람으로는 남효온, 유창 등이 있으며, 홍인우, 양대박, 이세귀 등도 설악산의 한계사와 대관령, 진부령 등을 구경하며 귀로에 들었다.

설악산 계조암석굴

한편 금강산 유람을 끝내고 동해를 따라 더 남쪽까지 내려와서 한양으로 돌아가는 유람객들이 자주 들르는 유람지가 오대산의 월정사였다. 지금도 전나무숲길이 아름다운 월정사는 당시의 유람객들에게도 인상적인 곳이었다. 유람객의 기록 중에 오늘날의 월정사와 가장 흡사한 기록을 남긴 채지홍(蔡之洪, 1683~1741)의 「동정기(東征記)」를 보자.

> 진보역(眞保驛) 마을에서 조반을 먹고 이에 월정사(月精寺)로 들어갔다. 절은 오대산 동쪽 가에 있는데, 골짜기 입구에서 15리 남짓 되는 곳이다. 나무가 울창하고 절문에서 몇 리 거리인데, 아름드리 늙은 회나무가 길가에 줄지어 서 있었다. 시

험 삼아 어린 종에게 세어 보게 하였더니 200그루가 넘는다고 했다. 절집은 매우 정밀하고 화려했으며, 단청은 휘황찬란했다. 뜰에는 9층 석탑이 있는데 네 모퉁이에 각각 구리 방울이 매달려 있고, 모두 36개였다. 승려가 말하기를 "임진왜란 때 매우 영험이 있었습니다."라고 했으나, 어찌 믿을 수 있겠는가?

절문에서 사찰까지는 몇 리를 걸어야 하는데, 그 길가에 회나무가 줄지어 서 있다고 했다. 채지홍은 회나무라고 했지만, 지금 월정사는 전나무 숲길이 몇 리이므로 아마 착각한 것이 아닐까 싶다. 그런데 그것을 종에게 몇 그루나 되는지 세어 보라고 한 것이 장난스럽기도 한데, 한편으로는 너무 많으니 얼마나 되는지 알고 싶은 호기심이 발동한 것일 수도 있을 것이다. 동기야 어떻든 우리는 채지홍의 이 기록으로 몇백 년 전의 월정사도 지금처럼 숲이 무성한 길을 지나야 들어설 수 있는 곳이었음을 알게 된다.

그리고 또 하나 알 수 있는 것이 지금은 국보 48호로 지정된 월정사 9층 석탑에 대한 기록이다. 채지홍은 9층 석탑의 네 모퉁이에 구리 방울이 달려 모두 36개라고 하였다. 그런데 현존하는 9층 석탑은 고려시대에 축조된 다각형 석탑으로 각 모서리에 동종이 매달려 있어 36개를 훨씬 상회한다. 이것도 아마 석물의 원형이 변했을 리는 없으니, 채지홍이 한쪽 면만을 보고 그렇게 기록한 것이 아닐까 싶다. 정오(正誤)를 알기는 어렵지만 9층 석탑의 존재를 확인할 수 있는 기록이다.

우리가 월정사를 찾았을 때도 경내에 서 있는 이 석탑이 절의 모든 것을 압도하고 있었다. 임진왜란 때는 또 무슨 영험함이 있었을까? 긴 세월의 풍우(風雨)와 전란을 견디고도 원형을 유지하고 있는 위용을 보며 인간이 빚어낸 예술의 유구함과 생의 유한함 두 가지를 한 번에 느낄 수 있었다.

월정사가 있는 오대산은 조선시대 4대사고 중의 하나인 오대산사고가 있는 곳으로 당시 이 사고를 관리하기 위해 오대산을 찾은 관리들이 월정사에 묵기도 하였다. 송시열의 5대손인 송환기(宋煥箕, 1728-1807)가 1781년 금강산을 유람하고 남긴 「동유일기(東遊日記)」에는 다음과 같이 기록하고 있다.

저물녘에 오대산 자락 기슭 아래 마을의 민가에 투숙하였다. 관찰사가 사실(史室)을 봉심(奉審)하기 위해 바야흐로 월정사(月精寺)에 머물고 있다고 들었다. 여기에서 월정사까지는 10여 리 떨어져 있었는데, 군술은 이미 월정사로 향해 떠났다. 주인은 무지한 백성이었는데 메조로 만든 떡을 내어놓았다. 세시에 먹는 쌀로 만든 떡 모양과 같았는데, 옆에 한 그릇의 맑은 꿀을 곁들이니 참으로 산중의 별미였다. 산을 두른 소나무는 하늘로 솟아 해를 가렸다. 지나오는 길에 보니 이런 솔숲이 몇십 리에 늘어서 있었는데, 모두 황장목(黃腸木)으로서 금양(禁養)하고 있었다.

관찰사가 사고를 봉심하기 위해 월정사에 머물렀다는 기록이 있으며, 월정사 주위의 소나무는 모두 황장목으로 당시에도 '금양지역'으로 지정하여 관리한다고 하였다. 금양이란 특정 산림 지역에 수목의 벌채, 농지 개간, 분묘 설치 등을 금지하고, 소나무 육성에 힘쓰는 일을 뜻한다. 강원도의 울창한 숲이 자연 그대로의 모습으로 오늘까지 전해질 수 있었던 데는 선인들의 후세를 위한 안배와 혜안이 있었음을 이 기록을 통해 알게 된다.

월정사 전나무숲길

월정사 8각 9층 석탑

동해안에서 금강산 유람객들이 빼놓지 않고 찾았던 비경 한 곳이 경포대였다. 경포대를 보고 감흥을 기록한 글은 많은데, 채지홍의 다음 글이 경포호와 경포대의 실상을 가장 적절하게 표현하였다.

> 가로와 세로 10리이고, 둘레는 30리이며, 물은 겨우 무릎이 빠질 정도인데 깊고 얕음이 한결같아 군자지(君子池)라고도 부른다. 아래쪽 가에 바위 두 개 있는데, 하나는 조암(鳥巖)이라 했고, 하나는 홍장암(紅粧巖)이라고 했다. 세속에서 전하기를, 옛날에 기생 홍장이 감사(監司)를 미혹시킨 일이 있어서 이런 이름을 지었다고 한다. 경포대 위의 정각(亭閣)은 매우 정교하고 화려했으며, 본래 방·창·벽 등의 장식이 없기 때문에 바람 없는 날이 아니면 오래 머물기가 어려웠다. 현판에는 숙종 임금이 직접 지은 절구 두 수가 있는데, 바로 팔경(八景)은 제목이 같은 것들이다. 엎드려 두세 번 읽고 감격스러워 목이 메어 감당하기 어려웠다.
>
> 「동정기」

경포호를 '군자지(君子池)'라고 명명한 예는 금강산 유람록에서 종종 보인다. 그런데 그 이유가 '깊이가 한결같아서'라는 점은 미소를 짓게 만든다. '열 길 물속은 알아도, 한 길 사람속은 모른다.'는 말이 있듯 겉과 속이 한결같아

가늠할 수 있음이 군자를 헤아리는 선결(先決)이었음을 짐작하게 한다. 홍장암에 따른 설화는 '박신(朴紳)이 안렴사로 강릉 순찰 때 홍장이라는 기생을 만나 사랑을 나누었는데, 다른 지역 순시로 헤어지게 되었다. 박신과 친했던 강릉 부사 조운흘(趙云仡, 1332~1404)은 그를 놀리려 홍장이 사망했다고 거짓말을 하고 경포호 뱃놀이에서 재회하도록 해 주었다.'는 이야기다.

채지홍보다 후대의 조위경(趙緯經, 1698-1780)은 「금강유산기(金剛遊山記)」에서 동해안에 있는 호수들의 비경을 다음과 같이 평하고, 자신은 경포대가 가장 잊혀지지 않는다고 하였다.

> 웅혼하고 깊으며 기상이 확 트인 것은 경포대다. 맑고 고우며 아름답고 그윽하고 밝은 것은 삼일호다. 단장한 누각과 장식한 경대처럼 각각의 색깔과 모양을 갖춘 것은 청초호이다. 호수빛이 깨끗하고 빛깔이 고와 달이 샘물에 잠겨있는 듯한 것은 화담이다. 아름답고 단아하여 연못에 진주를 감추어 둔 듯한 것은 영랑호다. 이 외에도 지나온 모든 곳이 수석은 깨끗하고 숲이 그윽했다. 평지의 사방으로 통하는 거리에 옮겨 둔다면 놀라서 눈을 번쩍 뜨이게 할 진기한 경물 아닌 곳이 없어 충분히 글감이 될 만했다. 그러나 '바다를 본 사람에게 물이 되기는 어려운 법'이라 모두 기록할 수 없다. 가장

아련하고 잊혀지지 않는 곳은 경포대다. 경포대 아래는 긴 호수가 수십 리로 맑고 잔잔한 파도와 푸른 바다가 하늘에 닿아 완전히 서냉(西泠)의 한 굽이 같았다.

경포대에서 바라본 경포호

경포대, 삼일호, 청초호, 화담, 영랑호를 차례대로 평하였는데 평어의 비유가 자못 신선하다. 그러나 『맹자』의 「진심 상(盡心上)」에 나오는 "바다를 본 이에게는 웬만한 물은 물 되기가 어렵다.[觀於海者難爲水]"라는 말을 인용하여 금강산의 진경을 보고 온 뒤라 눈에 들어오는 비경이 없다고 한다. 그럼에도 경포대의 비경은 잊혀지지 않는다고 하였으니, 그가 경포대에서 받은 감동은 깊은 잔상으로 남았다.

그리고 이곳이 서호(西湖)의 고산에 초막을 짓고, 매화를 심어 학을 기르며 숨어 살아 당시 사람들이 '매처학자(梅妻

鶴子)'라고 일컬었던 임포(林逋)의 서호와 같다는 인상을 받았다. 그가 서호를 가보지는 않았을 것인데, 매화를 아내로 학을 아들로 삼고 은거할 정도의 은거지라면 경포호와 비슷할 것이라 여긴 듯하다. 그의 깊은 잔상에는 명나라에서까지 절찬을 받을 정도로 시문을 인정받은 양포(楊浦) 최전(崔澱, 1567~1588)의 시도 영향을 미쳤으리라. 그의 시 한 수를 적어본다.

조원은 어디 가서 돌아오지 않고	朝元何處去不歸
옥동엔 아득하게 복숭아꽃 천 그루네	玉洞杳杳桃千樹
요단의 밝은 달빛에 한가로이 잠 못 이루니	瑤壇明月閒無眠
만리 밖 바람 향기 실어와 호수에 가득하네	萬里天風香滿浦

경포대 내부의 단청. '제일강산(第一江山)' 현판 위에 숙종의 어제시(御製詩) 현판이 걸려 있다.

1691년 관동지방의 사군(四郡)을 유람하고 「동유록(東遊錄)」을 남긴 이세구(李世龜, 1646-1700)는 유람을 떠나게 된 계기를 다음과 같이 말했다.

나는 어지럼 증세가 있는데 의원이 치료하여 조금 나았다. 어떤 사람이 말하기를 "기(氣)가 허(虛)하고 화(火)가 있는데 오랫동안 마음이 울적하여 병이 생긴 것입니다. 명산대천을 마음껏 유람하여 그 울화를 풀어버린다면 약을 복용하는 것보다 나을 것입니다."라고 하여, 마침내 먼 곳으로 유람할 마음을 갖게 되었다.

그가 앓았던 병은 '기(氣)가 허(虛)하고 화(火)가 있는데 오랫동안 마음이 울적하여 생긴 병'이라는 말로 보아 현대인의 우울증과 같은 병인 것으로 보인다. 이리하여 길을 떠나 거의 한달 여에 걸쳐 동해안과 금강산 유람을 마친 그는 동해안의 비경을 평하며 다음과 같이 말했다.

총석의 기괴함, 선유동 · 삼일포 · 화진포 · 비래호의 깊고 맑고 그윽하고 고요함, 청간정의 툭트여 광활함, 낙산의 온축함, 향포의 청정함, 경포의 단정하고 광활함은 각각 그 지취를 극진히 했다고 할 만하다. 그러나 맑고 빼어나고 소쇄(瀟灑)하여 인간 세상과 같지 않은 것은 오직 영랑호가 최고이며, 경포 이하가 그다음이다. 산수에서 느끼는 인지(仁智)의 즐거움을 참으로 감히 말할 수 없지만, 병들었던 마음이 자못 소생하여 화락해졌음을 느끼니, 이는 다행이다.

금강산을 비롯한 세상의 비경을 보며 마음껏 향유하고 나니, 병들었던 마음이 화락해져서 기운을 되찾게 되어 다행이라고 한다. 옛사람이나 지금 사람이나 한 인간으로 살아가는 세상에서 '길을 떠남'이 가지는 의미는 위로와 위안임을 그의 글을 통해서도 알게 된다. '누워서 거니는' 이 '떠남'도 마음의 울적함을 해소할 수 있는 '치유'가 될 수 있었으면 하고 바라본다.

청간정

청간정에서 바라본 동해

3.

단계 김인섭의
금강산 유람기

natura

Collectio Humanitatis pro Sanatione XI

금강산으로 유배 간 김인섭

단계 김인섭은 1846년 20세의 나이로 문과에 급제하여 성균관전적, 사간원정언 등을 지냈으며, 탐학한 관리들의 수탈을 해결하기 위해 부친 해기옹 김령(1805-1865)과 함께 단성농민항쟁을 주도했던 인물이다. 단성농민항쟁은 임술년 전국적으로 번진 임술농민항쟁의 도화선이 되었으며, 단계와 해기옹은 사족(士族)의 신분으로 이 농민항쟁을 주도한 유일한 인물이다.

산청 단성의 재지 사족이면서 부친과 함께 단성농민항쟁을 주도한 죄로 부친은 전라도의 섬 임자도로 유배 갔다. 해배되어 귀향한 부친은 유배의 영향으로 사망하게 되고, 단계는 이후 1867년 8월 암행어사 박규수에게 무단 토호로 지목되어 부친의 시묘살이도 마치지 못한 채 강원도 고성군 통천으로 유배 가게 된다. 그는 유배지에서 230여 수의 시를 지었는데, 이는 그가 유배지에서 기록한 『단계일기』 내의 「동천록(東遷錄)」에 수록되어 있다. 그 중에 '금강산시'가 포함되어 있다.

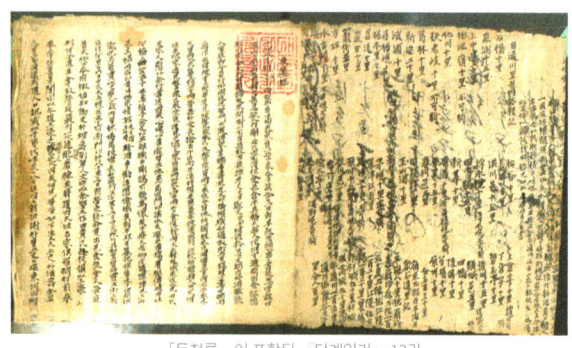

「동천록」이 포함된 『단계일기』 13권

유람을 떠나면 유람록을 기록하여 일정과 경로를 밝히는 경우가 일반적이다. 하지만 단계는 유람록을 남기지 않고 시작품만 남겼으므로 그의 유람 일정을 정확하게 알 수 없다. 다행히 『단계일기』 속의 「동천록」에 기록된 일상을 통하여 단계의 금강산 유람 일정과 경로를 재구할 수 있다. 그 결과에 따르면 그는 1868년 8월 18일 통주를 출발하여 9월 8일까지 모두 20일 동안 금강산 유람을 했으며, 그 일정은 대략 다음과 같다.

통주-쇄령-철의령-장안사-표훈사-정양사-만폭동-마하연-불지암-묘길상-내수재-은선대-유점사-반야암-구

령-신계사-구룡연-온정-삼일포-몽천암-사선정-고성읍-통천-해금강-만물초

그는 통주를 출발하여 내산쪽인 장안사에서 금강산 유람을 시작하였다. 내산에서 내수재를 넘어 외산으로 넘어가 유점사와 신계사, 구룡연, 삼일포 등을 유람하고, 고성읍에서 쉰 다음 다시 해금강과 만물초를 유람하였다. 그가 금강산에서 지리적으로 가까운 통주에서 출발하여 20여 일 동안 금강산과 삼일포, 해금강을 유람한 것은 상당히 장기간에 이루어졌으며, 금강산 일대를 여유롭게 완상한 유람이다.

이 유람에서 그는 금강산 명승 곳곳의 일화에 대한 서사를 읊은 「금강음이십일절(金剛吟二十一絶)」, 주자의 무이도가를 본받은 「입만폭동 수석유기 봉만경수 효주부자무이도가 작금강구곡시 일일차운현의(入萬瀑洞 水石愈奇 峯巒競秀 效朱夫子武夷櫂歌 作金剛九曲詩 一一次韻見意)」 등 승경에 감화되어 자연에 의탁하여 내면의 정서를 표출한 경물시·서정시 등 42수의 시를 지었다. 이 시들에서 우리는 유배의 현실을 수용하면서 내면을 통찰하고 우울한 정서를 해소해 나가는 김인섭을 만날 수 있다. 또한 그가 드러낸 이런 감정의 정화 과정을 엿보며 그에게 감정 이입하여 현실의 불

안과 고통을 타개하며 긍정해 나가는 '치유'의 길로 들어 갈 수 있다.

금강산 일화를 담은 「금강음이십일절」

단계의 「금강음이십일절」은 금강산의 명소에 전하는 일화를 소재로 지은 시다. 이십일절은 철의령(鐵衣嶺), 괘궁정(掛弓亭), 이층보전(二層寶殿), 면경대(面鏡臺), 황룡강(黃龍江), 입불(立佛), 금강문(金剛門), 석기국(石碁局), 내수재(內水岾), 능인보탑(能仁白塔), 오탁정(烏啄井), 무연조(無烟竈), 산영루(山暎樓), 구숙령(狗宿嶺), 무종채(無種菜), 금강문(金剛門), 옥류동(玉流洞), 비봉폭(飛鳳瀑), 무봉폭(舞鳳瀑), 만년송(萬年松), 동서양귀(東西兩龜) 등 시의 제목이 곧 명소이다. 이는 단계 이전까지 금강산을 다녀간 유람객들을 통해 유람록이나 구전으로 전승된 명소로, 거기에 얽힌 일화를 전승하여 대화나 시작(詩作)의 소재로 삼는 것은 금강산 유람의 주요 양상 중 하나이기도 하다. 「금강음이십일절」의 시 21곳의 명소를 소재하는 위치에 따라 분류하면 아래 도표와 같다.

시 제	분 류
「철의령」, 「괘궁정」	금강산으로 가는 여정
「이층보전(보덕굴)」, 「면경대」, 「황룡강」, 「입불」, 「금강문(만폭동구)」, 「석기국」, 「내수재」	금강 내산
「능인백탑(유점사)」, 「오탁정」, 「무연조」, 「산영루」, 「구숙령」, 「무종채」, 「금강문」, 「옥류동」, 「비봉폭」, 「무봉폭」, 「만년송」, 「동서량귀」	금강 외산

단계가 통주를 출발하여 금강산에 입산하기 전까지 경유한 곳은 쇄령(洒嶺)과 철의령(鐵衣嶺)이다. 그러므로 이 시에서 금강산에 입산하기까지의 여정에 창작된 시는 「철의령」, 「괘궁정」뿐이다. 통주가 금강산의 지척에 있었으므로 그 여정이 여타 금강산 유람객들보다 짧음을 알 수 있다. 그리고 금강 내산과 외산을 나누어 보았을 때 외산을 대상으로 읊은 시가 더 많다. 이는 외산에 얽힌 일화가 많아서라기보다 내산의 만폭동을 소재로 「금강구곡시」 10수를 지었으므로 내산을 소재로 읊은 시가 상대적으로 적다.

단계가 금강산 유람 중에 완상한 곳이 다양한데 이들만 선별하여 21절로 제명(題名)한 것은 나름대로 의도가 있을 수 있다. 장안사나 영원암 등도 충분히 21절에 포함시킬 수 있으나 제외하고 위의 소재와 장소만을 「금강음(金剛吟)」에 포함시킨 것은 이들 장소에 전승되는 일화에 중점을 두었기 때문이다. 『단계일기』의 기록에 따르면 단계는 금강산 유람을 마치고 귀가하여 하루 동안 금강산에서 지은 시를 정리하였다. 이때 각각의 형식에 대한 안배가 이루어졌으며, 그가 이 시를 다른 시와 구분하여 「금강음 이십일절」이라 명명한 것은 이 시들만의 차별화되는 특징이 있음을 보여주려 한 것으로 이해된다. 그 특징은 이들 시가 모두 전승되어온 일화에 착안하여 지어진 시라는 점이다.

고목은 양쪽 산기슭에 푸르게 덩굴져	古木蒼藤兩麓坡
진경 찾는 행색 어떠한지 물어보네	探眞行色問如何
금강산 걸음마다 다가와 가까워지니	金剛步步來前近
두 눈동자 깔고 노래 한 곡조 불러보네	試放雙眸發一歌

_김인섭, 「금강음이십일절 - 철의령」

시의 행간에서 금강산 초입에 다가선 단계의 약간은 흐트러진 듯한 모습과 심리적인 흥분상태를 읽을 수 있다. 「철의령」은 단계 이전 유람객들의 유람록에는 등장하지 않는 지명이다. 금강산에 도착하기 전, 통주에서 금강산의 여정 가운데 존재하리라는 것은 알 수 있다. 단계의 금강산 유람의 일정에 등장하는 '쇄령'과 '철의령'은 18세기 이전까지의 금강산 유람록에는 등장하지 않는 지명으로 아마도 18세기 이후의 금강산 유람에서 등장하는 지명이 아닐까 한다. 단계의 금강산 유람을 읊은 첫 번째 시이며, 금강산 유람에 대한 기대감이 노래 한 곡조로 발화되는 순간이다.

학소대 청학대 마주 보며 항렬 이뤘는데	鶴巢靑鶴對成行
한번 들어가니 아득히 객의 꿈 서늘하네	一入飄然客夢凉
만약 참으로 신선이 여기 있다고 한다면	若道神仙眞有此
고금에 누가 치마를 걷고 따르지 않을까	古今誰不解褰裳

_김인섭,「금강음이십일절– 만폭동구」

'금강문'은 만폭동 입구에 있는 두 개의 커다란 바위기둥으로 하나는 학소대(鶴巢臺), 하나는 청학대(靑鶴臺)로 마주 보며 나란히 열을 이루어 문처럼 보인다. 이곳을 들어가면 만폭동이 시작되므로 금강산의 진경(眞境)으로 들어서는 관문처럼 인식되는 곳이다. 이만부(李萬敷, 1664-1732)는 「금강산기」에서 금강문을 다음과 같이 기록하였다.

표훈사로 돌아와 동쪽으로 올라가 외나무다리를 지나 소나무, 잣나무 숲으로 들어갔다. 두 개의 바위가 몸을 굽히고 머리를 맞대어 동구를 가로막고 있는데, 길이 그 공간을 통하여 나 있어 숙이고 들어갔다. 이 문을 금강문(金剛門)이라 하였다.

금강문으로 들어가 얼마 가지 않아 갑자기 눈이 더욱 밝아지고, 발걸음이 더욱 가벼워지며, 가슴이 더욱 상쾌해졌는데 나도 모르는 사이 만폭동(萬瀑洞)에 들어섰기 때문이었다.

_이만부, 「금강산기」

이만부의 이 글에서 금강문을 통해 만폭동으로 들어서는 과정을 좀 더 선명하게 알 수 있다. 이 문을 통해 만폭동으로 들어서게 되면 이전의 금강산과는 또 다른 선경을 접할 수 있게 되므로 이만부도 눈이 밝아지고, 발걸음이 가벼워지며, 가슴이 상쾌해졌다고 기록하였다. 예전부터 여기에 신선이 산다고 전하였기에 전구에서 단계는 그 사실을 읊었다. 이 또한 이전에 금강산을 유람한 유람객들의 유람록을 통해서 전해지는 사실이다. 그 내력을 소상하게 기록한 것은 1706년 8월 금강산을 유람한 김창석(金昌錫, 1652-1720)의 「금강일기」인데, 그 일면을 들여다보자.

청학대 위에 오래된 소나무가 거꾸로 매달려 있고, 그 위에 바위굴이 있었다. 시숙이 말하기를 "이것이 이른바 학소(鶴巢)입니다. 고노(古老)들이 전하기를 '그곳에 청학의 둥지가 있었는데, 어떤 학은 소나무 사이에서 모습을 드러내기도 하고, 어떤 학은 석대(石臺) 위에서 훨훨 날기도 하여 산 사람들이 때로 학을 본 경우가 많았다.'고 합니다. 비바람이 불어 닥쳐 오래된 둥지가 부서지고 이지러져 청학이 오지 않은 것이 이미 오랜 세월이 되었습니다."라고 하였다. 나는 아쉬운 마음으로 오랫동안 서 있다가 시숙을 돌아보며 말하기를 "흰 구름이 막막하고 산 그림자는 희미하며 오랜 세월 이 골짜기에 학의 소식이 오래 끊어졌네. 학이 영위(令威)의 몸이 되어 요양(遼陽)의 성곽을 찾아가 화표주(華表柱) 위에서 달을 읊조리며 신선의 삶을 즐거워하여 돌아오지 않는 것이 아니겠소. 아니면 여러 신선을 모시고 태소(太素)에서 노닐며 향안(香案)의 앞에서 너울너울 춤을 추고 무하지향(無何之鄕)을 거닐면서 인간 세상의 세월을 모두 잊어버린 것일 것이오."라고 하였다.
_김창석,「금강일기」

이 기록에는 학이 찾아왔었다는 내용과 학이 찾았던 것은 신선과 관련이 있었다는 사실이 언급되고 지금은 모두 찾지 않는다는 이야기를 한다. 이는 지리산 청학동에 전해지는 이야기와 그 내용이 거의 동일하다. 세상과 단절된 선경에서 신선을 찾고, 신선이 타고 다녔다는 청학을 찾는 일은 유람객들의 공통된 이상향에 대한 동경에서 발원된 일이다. 그리고 이는 사실이 아님을 인지하고 있으면서도 연속성과 지속성을 가지고 전승되어 이상향을 묘사하는 하나의 소재가 된다.

내수재 높이 구름속에 들어가	內水岾高勢入雲
온 산의 경계가 여기에서 나뉘네	一山界自此中分
만약 이적선옹이 살아있다면	若令李謫仙翁在
촉도난이 또 지어졌을텐데	蜀道之難又作文

_김인섭, 「금강음이십일절- 내수재」

여기서는 내수재에 대해 읊고 있다. 내수재는 금강산을 외산과 내산으로 나누는 분수령이 되는 곳이다. 그러므로 단계는 승구에서 이 사실에 대해 언급하고, 전구과 결구에서는 '만약 이백이 살아있다면 「촉도난(蜀道難)」을 또 지었을 것'이라며 내수재 산세의 험난함을 요약하여 읊었다. 금강산을 유람한 사람 중에 내수재를 언급하지 않은 사람은 거의 없다고 할 정도로 내수재는 내산과 외산을 경유할 때 반드시 거쳐야 하는 관문이다. 그렇지만 그 길이 험난하여 유람하는 인물들이 모두 힘겹게 넘어가는 고개였다.

승려들이 남여를 버거워하여 쉬기도 하고 넘어지기도 하니, 부득이 남여에서 내려 걸어갔다. 간혹 물이 부딪치는 벼랑을 기어오르기도 하고 바위 틈새를 빠져나오기도 하면서 천신만고 끝에 비로소 험한 길을 벗어나니 날이 이미 저물었다. 그리고는 내수재에 올라서야 한숨을 돌렸다. 겨우 숨을 고르고는 저 멀리 서북쪽을 바라보니, 하나의 큰 바위 봉우리인 비로봉이 하늘에 가로 걸쳐 있고, 좌우의 여러 봉우리가 뾰족뾰족 떼지어 솟아 있었다. 그 기세가 우뚝하여 마치 하늘과 닿을 듯하니 사람으로 하여금 자신도 모르게 황홀하면서도 두렵게 하였다.

_이서, 「동유록」

위 인용문은 1700년 8월 이서(李溆, 1662-1723)가 「동유록(東遊錄)」에서 금강산을 유람하며 힘겹게 내수재를 오르고 그 과정과 감회를 묘사한 것이다. 그는 이 내수재에 올라 율시 한 수를 지어 "그 기세 우뚝하여 황제 자리인 듯 존귀하고, 뭇 봉우리는 늘어서서 양쪽 담장과 문처럼 늘어섰네.[氣貌巍巍帝座尊 諸峰羅列兩垣門]"라고 읊었다. 그가 글과 시로 묘사한 것에 내수재의 전모가 오롯이 전달되어 있다고 할 수 있는데, 선인들의 이러한 산문과 시작(詩作)이 전하여 단계가 시를 짓는 데까지 영향을 끼쳤다. 그런데 단계는 이서와 같이 다단(多端)한 표현보다는 이백의 '촉도난'을 언급함으로써 모든 것을 함축하는 표현법을 쓰고 있다. 7언 절구의 짧은 싯구 속에 눈앞의 전경에 담긴 전모를 묘사해 내는 단계의 감각을 느낄 수 있게 하는 장면이다.

월지국에서 범종이 떠내려 왔는데	泛鍾來自月氏時

느릅나무 뿌리에 서려 좌선은 더디네 　　　榆木蟠根宴坐遲
오십의 진선이 여기에 있다 하니 　　　　五十眞仙云在此
그런지 아닌지 말 또한 지리하네 　　　　其然其否語還支
_김인섭, 「금강음이십일절 – 능인백탑」

「능인백탑」이라는 시제로 지어진 시인데 '승려가 53불의 진상이 여기에 안치되어 있다고 하였다.[僧云 五十三佛眞像 藏於此]'라는 주석을 달아줌으로써 유점사를 읊은 시임을 알게 한다. 1686년 8월 금강산을 유람한 이시선(李時善, 1625-1715)의 「관동록」에는 유점사에 대해 다음과 같이 기록하고 있다.

> 유점사 법당을 '능인보전(能仁寶殿)'이라 하는데, 승려가 주자의 글씨라고 했다. 아마도 주자의 글씨체인 듯한데, 그 곁에 '만력 정사년 대명 호과급사중 상주조가 쓰다.[萬曆丁巳大明戶科給事中商周祚書]'라고 쓰여 있었다. 전각 안에는 나무를 깎아 뗏목을 만들고 50개 불상을 뗏목 사이 곳곳에 안치해 놓았다. 불상은 작았다.
> _이시선, 「관동록」

이시선의 기록에서는 '능인보전'인데 단계는 '능인백탑'이라 이름하고 이곳에 53불이 안치되어 있다는 것으로 유점사의 법당임을 알 수 있다. 유점사는 고려 법희거사(法喜居士) 민지(閔漬)가 유점사의 사적에 내력을 기록한 「유재기(楡岾記)」가 남아있다. 유점사 승려들은 사찰을 찾은 유람객들에게 이 사적을 내어 보여주며 유점사의 내력에 관해 전해 주었다. 그러므로 민지의 사적이 있어서가 아니라 승려들의 구술을 통해서도 유점사에 대한 내력은 금강산을 유람하고 남긴 모든 유람록에 언급이 될 정도로 유점사를 인식하는 공인된 기록이 되었다. 그 내용의 대략은 다음과 같다.

> 한나라 평제(平帝) 원시(元始) 4년(甲子), 신라 남해왕(南解王) 원년에 서천사위국(西天舍衛國)이 금불상 53구를 주조하여 월지국(月氏國)을 따라 돌로 만든 배에 태워 용의 등에 지고 바다에 떠서 고성 유재(楡岾)에 이르니, 불법이 처음으로 이곳에서 통하게 되었다. 고성군수 노춘(盧偆)이 국왕에게 아뢰었고, 국왕이 칙령을 내려 가람(伽藍)을 열게 하고 유점사라는 편액을 하사했다.
>
> _민지, 「유재기」

위의 기록에 전하는 '월지국'과 '53구의 불상', '돌로 만든 범종', '느릅나무'는 유점사를 대표하는 상징으로 전해졌다. 단계의 시에도 기구, 승구, 전구에 이 내용들이 그대로 인용되었다. 마지막 결구는 단계 이전에 금강산을 유람한 거의 모든 유람객의 유람록에서 유점사의 사적에 대한 내용을 '허탄하여 믿을 수 없다.'라고 한 것을 두고 읊은 것이다. 금강산을 찾은 모든 유람객들은 그들의 유람록에서 이 사실을 거론했으니, 그 진실에 대한 공방이 얼마나 지루하게 이어졌는지 알 수 있다. 그런데 여기에 대해 남효온이 「유금강산기」에서 그것이 일곱 가지 망언이라 비방함으로써 이후 금강산을 유람한 유학자들은 남효온의 주장에 동조하는 모습을 보였다. 단계는 지루하도록 전해온 이 일화를 시에 반영하였다. 일화의 전승을 보여주는 「금강음」의 한 단면이다.

선가에서 물을 걱정하니 까마귀 날아와	禪家患水烏飛來
영원을 한 번 쪼니 금방 땅이 열리네	一啄靈源驀地開
바위로 우물 난간 만들어 깊이 보호하니	石作井欄深護在
가을바람에 지나는 객 마시려 한다네	秋風過客欲含杯

_김인섭, 「금강음이십일절 - 오탁정」

「오탁정(烏啄井)」도 유점사의 승려들이 전하는 일화를 유람객들이 전승한 것으로 단계는 이를 시에 반영하여 읊었다. 오탁정도 유점사의 내력과 같이 사적이 전하는데 그 대략은 다음과 같다.

오탁정이 향로전의 서북쪽 섬돌 아래에 있었다. 옛 사적에 "이곳에는 본래 샘물이 없었는데, 어느 날 뭇 까마귀들이 모여 와서 땅을 쪼니 샘물이 홀연 흘러넘쳤다. 이 우물이 바로 그것이다."라고 하였다. 이 말 또한 괴이하였다.
_이의현, 「유금강산기」

  이의현(李宜顯)의 「유금강산기」에 기록된 오탁정에 관한 내용이다. 이의현뿐만 아니라 금강산을 유람한 사람들은 이 오탁정에 관한 언급을 하곤 했다. 주로 승려들이 전하는 내용을 기록하거나 일화로 전하는 내용을 들은 것으로 기록하였다. '까마귀가 땅을 쪼니 샘물이 솟아났다.'라는 이야기가 일상은 아닌 기이함을 내포하고 있어서 사람들에게 신비감과 신령함을 전달하는 역할을 한다. 신령함을 부각하기 위하여 전하는 이야기가 일화로 수백 년의 시공간을 초월하여 지속성을 갖고 전승되어 단계에게까지 전해졌다.

  이 오탁정에 대한 내용은 1485년 남효온의 「유금강산기」에 '까마귀가 쪼아서 물을 처음으로 얻었기 때문이다.'라고 처음으로 내용이 등장하였다. 단계가 유람을 떠난 해가 1868년이니 400년 가까운 세월 동안 지속되었음을 알 수 있다. 허탄하다고 비판하면서, 비판까지도 지속적으로 전승되는 것은 금강산의 명승에 일화가 가미되어 관심을 이끌 수 있는 화제가 되기 때문이다. 그러므로 단계의 시에서도 전구와 결구에 오탁정이 그대로 유지되어 과객의 갈증을 해소하는 물이 되었다고 읊으며, 오탁정에 얽힌 설화를 그대로 계승하여 시에 반영하고 있다.

단계는 일화가 전하는 명소를 중심으로 「금강음이십일절」을 지어 명소마다 전하는 일화에 착안하여 시상을 전개하였다. 몇백 년이라는 시간의 흐름 속에서 일화는 전승되었고, 전승된 일화는 시에 그대로 원용되었다. 이를 통해 19세기에 이르도록 금강산 유람과 유람록은 사대부를 중심으로 지속적인 관심과 탐독의 대상이었음을 확인할 수 있다. 유배라고 하는 특수한 상황에서 이루어진 유람이지만, 그가 「금강음이십일절」을 통해 읊은 시경(詩境)에는 유배를 연상할 만한 내용은 없다. 다만 전승된 일화에 착안하여 나름의 시정(詩情)을 산문과는 달리 압축하여 묘사함으로써 율격과 서사가 공존하는 정제미를 느낄 수 있도록 하였다.

단계선생문집책판일기보호각 : 여기에 보관되어 있던 단계선생문집책판 자료는
경상국립대학교 고문헌도서관으로 이관되었다.

탁흥우의(托興寓意)를 통한 입도(入道)의 표현 「금강구곡시」

 조선조 선비들은 주희의 「무이도가」를 대체로 세 가지 방향에서 이해했다. 하나는 입도차제(入道次第)로 이 시가 도에 들어가는 순서를 읊은 노래로 이해하는 것이다. 다른 하나는 인물기흥(因物起興)으로 아름다운 자연에 대한 순수한 서경을 읊은 노래로 이해하는 것이었다. 그리고 나머지 하나는 탁흥우의(托興寓意)로 자연을 노래한 서경시인 동시에 '도(道)'로 들어가는 차례를 제시한 노래로 이해하는 것이었다.

금강산 신령한 기운 선령으로 모였으니	金剛淑氣鍾仙靈
일만 이천 봉에 옥 같은 눈 맑다네	萬二千峯玉雪淸
그 안의 무한한 경치를 보려면	欲得中間無限景
쏟아지는 폭포 흐르는 소리 들어야 하리	須從飛瀑聽流聲

_김인섭, 「입만폭동효주자무이도가작금강구곡시」

김인섭이 「금강구곡시」를 시작하는 서시(序詩)이다. 금강산의 신령한 기운이 모두 만폭동에 모였으니, 이곳의 폭포와 물소리를 들어야 금강의 진면목을 보게 되는 것이라 읊고 있다. 외면으로 드러난 시상의 전개만 보면 도학과는 전혀 관련이 없는 경물에 대한 묘사이다. 그런데 여기에 단계는 "차언 도지대원 상호호유행어일용상행지간(此言 道之大源 常浩浩流行於日用常行之間)"라는 주석을 달아, 도(道)는 '일용(日用)'과 '상행(常行)' 속에 녹아 흐르듯 존재하는 것이라 말하고 있다. 만폭동의 흐르는 물을 일상 속에 존재하는 도에 비유하고, 물의 성질을 도에 비유하였다.

『논어』 「자한(子罕)」에서 공자가 "가는 것이 이 물과 같구나. 밤낮을 그치지 않는도다.[逝者如斯夫 不舍晝夜]"라고 하며 물을 예찬한 이후 물은 중단없는 자기성찰과 수신의 상징이 되었다. 공자가 이야기한 그 물을 단계는 만폭동의 물을 통해 보고 있다. 폭포의 흐르는 물소리를 통해 도의 본질을 깨닫고, 자연의 진경도 감상할 수 있게 되므로 그는 흐르는 물에서 '일용'과 '일상'의 상관성을 찾았다.

한 굽이 형세 물 위에 뜬 배 지탱하더니	一曲勢如撑水船
만폭동으로 모여들어 시내가 되었네	收來萬瀑卽成川
시끌벅적한 유람객이 이름 지은 곳에서	紛紛遊客題名處

어떤 이가 속세와 인연 끊었나 물어보네 　　借問何人絕食烟

_김인섭, 「금강구곡가 - 만폭동」

『논어』「이인(里仁)」에서 공자가 증자를 불러 "나의 도는 하나의 이치로 전체를 꿰뚫고 있다.[吾道一以貫之]"고 하며 '일이관지'라 하였다. 단계는 만 갈래의 물이 모여서 하나의 내를 이루어 흐르는 만폭동에서 공자의 이 이치를 연상하였다. 그리하여 승구에서 '만폭동으로 모여들어 시내가 되었네[收來萬瀑卽成川]'라 읊고, 자신의 뜻을 "이것은 하나로 만 가지 다른 것을 관통하면 이 이치가 흘러 사람이 살피지 않아도 저절로 행하게 됨을 말한 것이다.[此言 一貫萬殊 此理洋洋 人自不察而行之]"라는 주석으로 설명하였다. 그는 '일상'과 '일용'의 사이에 유행(流行)하는 도의 존재가 흘러서 하나로 모이는 과정을 '일이관지'와 상통하는 '일관만수(一貫萬殊)'로 보았고, 이 이치가 양양하므로 사람이 살피지 않고도 행할 수 있다고 하여 인간에게 저절로 존재하는 '선(善)'을 부각시키고 있다. 모든 것은 사람 안에 존재하는 것이므로 다른 것에서 찾을 필요가 없다는 점을 '인자불찰이행지(人自不察而行之)'로 설명하였다. 저절로 행해지는 것에 대해 단계는 다음과 같이 묘사하였다.

두 굽이에는 청룡담 물 위의 봉우리 　　二曲靑龍水上峯

보이는 기이한 절경 속세를 벗어났네	看看奇絶絶塵容
몰래 감추고 이 세상 벗어나려 않는데	潛藏未必違斯世
저절로 이 운산은 만 겹으로 막혀 있네	自是雲山隔萬重

_김인섭, 「금강구곡가 – 청룡담」

 단계는 전구에서 속세를 벗어나려 의도하지 않았다는 것을 '미필(未必)'로 표현하였다. 그런데 저절로 구름 속 산은 세상과 만 겹의 산으로 격리되어 그 천연의 모습을 유지할 수 있게 되었다. 이것을 두고 단계는 "차언 군자우즉위지 낙즉행지 은비독선 달필겸선(此言 君子憂則違之 樂則行之 隱非獨善 達必兼善)"라는 주석을 달아 해석하였다. 인위적으로 힘쓰지 않아도 그것을 즐기면 저절로 행할 수 있게 되는데, 숨어있다 하여 '독선(獨善)'이 되는 것이 아니라 '겸선(兼善)'의 경지에 도달하게 된다고 말한다. 인간이 지닌 사단(四端)의 선한 본성은 저절로 발현되는 것이므로 인위를 가미하게 되면 오히려 어긋나게 되고, 운산(雲山)이 저절로 세상과 격리되는 것처럼 인간의 본성도 자연스럽게 즐기는 가운데서 발현되는 것이라고 표현하였다.

네 굽이 비파담 곁의 큰 바위	四曲琵琶傍巨巖
바위 형세 집처럼 드리웠네	巖如房屋勢髬髵
쉼 없이 흘러 찬 뒤에 흐르는 이치	請看不舍盈科理

졸졸 흘러서 못 하나 되는 것 보게나 　　　流到涓涓作一潭

_김인섭,「금강구곡가 - 비파담」

공자가 물로 도의 이치를 말한 것에 대해 맹자는 『맹자』「이루 하(離婁下)」에서 "근원 있는 물이 끊임없이 솟아나 밤낮으로 흘러서 구덩이를 채우고 난 뒤에 나아가 사해에 이른다. 학문에 근본이 있는 자가 이와 같은지라 이 때문에 취한 것이다.[原泉混混 不舍晝夜 盈科而後進 放乎四海 有本者如是 是之取爾]"라고 하며 공자의 뜻을 해석하였다. 단계도 공자와 맹자의 뜻을 차례대로 계승하여 도의 이치를 설명하고 있다.

만폭동 물이 흘러서 하나의 연못이 되어 모이는 것을 보고 "차언 학필영과이후진 구능불사주야 무원부도(此言 學必盈科而後進 苟能不舍晝夜 無遠不到)"라고 하였다. 비파담에 고인 물은 수없이 많은 물이 '불사주야'하여 흘러서 모인 결과라는 것을 기구와 승구의 전경에서 끌어내고 있으니, 물상을 통찰하여 이치를 궁구하는 '격물치지(格物致知)'의 자세이다. 이러한 단계의 학문과 삶에 대한 자세는 시를 통해서 일관성 있게 드러난다.

물은 쉬지 않고 바다로 흘러가고 　　　水能不舍方歸海

사람도 인을 통해 성인이 된다네	人亦由仁乃至聖
소자는 무단히 안일하고 또 포기하니	小子無端安且棄
마침내 어디서 본성 온전히 함 배우랴	竟從何處學全性

_김인섭,「자경」

「자경(自警)」이라는 시인데, 이 시에서도 단계는 공자가 이야기한 밤낮으로 쉬지 않는 뜻을 취하여 성실함으로 '인(仁)'을 실천하는 성인이 되도록 독려하고 있다. 그는 자제들에게도 '면(勉)'을 강조하며, 그것을 '불사주야(不舍晝夜)'하는 물에 비유하였다. 쉬지 않는 성실함으로 자녀들과 자신을 경계시키며 '면(勉)'과 '불사주야'의 성실함을 '성(誠)'의 자세를 다짐하는 것으로 귀결시켰다. 물이 가진 '밤낮으로 쉬지 않으며 구덩이에 가득 찬 이후에 나아간다.[不舍晝夜 盈科而後進]'하는 성질에서 '성'을 찾고 이 '성'을 '경(敬)'과 결부시켜 평생 실천해야 할 요체로 삼은 것이 단계의 현실 인식이다. 이는 다음의 글에도 분명히 나타난다.

『주역』 건괘(乾卦) 구이(九二) 단전에 "평상시의 말을 미덥게 하고 평상시의 행동을 삼가며 사특함을 막고 참됨[誠]을 보존한다."라고 했고, 건괘(坤卦) 육이(六二) 요사(繇辭)에 "군자는 '경(敬)'으로써 안을 곧게 하고 '의(義)'로써 밖을 반듯하게 한다."라고 했으니, '성(誠)'과 '경(敬)'은 처음에 『주역』의 건(乾)·곤괘

(坤卦)에서 나와서 마침내 만세 성학의 표준이 되었다. 증자와 자사도 『대학』과 『중용』에서 그 이치를 극진히 말했다. '계신공구(戒愼恐懼)'에서부터 '무성무취(無聲無臭)'의 오묘함에 이르기까지와 '격물성정(格致誠正)'에서 말미암아 '수제치평(修齊治平)'의 지극함에 마치는데, 그 공부를 최초로 착수하는 곳이 모두 이 두 글자 밖을 벗어나지 않는다. 그러니 우리 유가에서 이 두 글자를 천지에 일월이 있고 집에 동량(棟樑)이 있는 것과 같이 여겼으니, 잠시라도 다른 곳으로 떠난다면 얻을 수 없다.

내가 일찍이 여기에 힘을 썼지만, 마침내 이룬 것이 없고, 지금은 죄인이 되어 무척 두려워서 능히 보전하지 못하다가 죽음에 이르러 아무 명성이 없을까 매우 두렵다. 같이 고생하는 신공필(申公弼) 씨는 전서(篆書)를 잘 쓰는데, 나를 위해 성(誠), 경(敬) 두 글자를 써 주었다. 그래서 마침내 장인을 불러 모각한 것을 동으로 주조해 궤안에 두고는 늘 눈으로 보고 실천할 거리로 삼는다.

_김인섭, 「각성경이자설(刻誠敬二字說)」

단계는 '성(誠)'과 '경(敬)'이 만세 성학(聖學)의 표준이라 말하며 계신공구(戒愼恐懼), 무성무취(無聲無臭), 격치성정(格致誠正), 수제치평(修齊治平)의 공부가 모두 '성'과 '경'을 근본으로 하고 있다고 했다. 그것은 하늘에 해와 달이 있고, 집에 동량(棟樑)이 있는 것과 같다고 했으니, 유학의 근원을 '성'과 '경'으로 보았다. 위와 같은 단계의 현실 인식이 「무이도가」를 차운한 「금강구곡시」에 그대로 반영되어 금강산 만폭동의 비경을 읊으면서도 도학적 가치를 혼융하여 '탁흥우의(托興寓意)'의 전개 양상을 보여주고 있다.

[1] 다섯 굽이 옥소리 나는 분설담 깊은데   五曲琮琤噴雪深
기이한 봉우리 좌우의 단풍 숲에 비치네   奇峯左右暎楓林
곁에 사람 내게 노래 세 곡조 권하노니   傍人勸我歌三闋
만고에 아득하여 마음을 다하진 못했네   萬古悠悠不盡心
차언 만고상전심법 언어난진 지도자 묵이관지

(此言 萬古相傳心法 言語難盡 知道者 默而觀之)

_김인섭, 「금강구곡가–분설담」

[2] 여섯 굽이 향로봉에서 푸른 물 굽어보니   六曲香爐俯碧灣
띠풀 베어다 엮으니 구름문에 두기 알맞네   誅茅端合置雲關
진기한 구슬 하나하나 기이하고 장엄하니   眞珠箇箇尤奇壯
유람객 돌아갈 일 잊고서 온종일 한가롭네   遊客忘歸盡日閒
차언 산명수려 금기쇄락 의사한태 소요완락 경일망귀

(此言 山明水麗 衿期灑落 意思閒泰 逍遙玩樂 竟日忘歸)

_김인섭, 「금강구곡가–진주담」

다섯 굽이에서는 분설담의 승경에 감동하여 저절로 노

래하게 되는 단계 자신의 모습에서 만고에 전해지는 심법을 이야기하고 있다. 노래하지만 마음을 다하지는 못하는 것처럼 심법 또한 말로는 다할 수 없으며, 아는 사람은 말없이 살펴볼 뿐이라고 말하고 있다. 여섯 굽이에서는 진주담의 비경에 감탄하며 완상하느라 '돌아갈 일까지 잊고[忘歸]' 한가로운 자신을 읊고 있다. '망귀의 서정'은 자연에 완전 동화되어 시간의 흐름이 정지된 한순간으로 기억될 만큼 탈속의 절정을 경험하게 되는 순간에 나오는 말이다. 이 순간을 단계는 도에 노니는 것이 한가롭고도 편안하며 즐거운 일이라서 모든 번다한 인간의 욕망을 잊게 되는 한순간으로 해석하고 있다. 모든 사람이 감동하고 감탄하는 비경에서 도의 원리를 유추해 내는 단계의 탁월한 혜안을 느낄 수 있는 부분이다.

> 일곱 굽이 흰 바위 여울 위로 맑게 흘러　　七曲淸流白石灘
> 신령한 거북은 사람들 볼거리로 흡족하네　　靈龜亦足使人看
> 다만 공안의 지결 흠모하여 심법을 밝히나니　但能鑽仰明心法
> 뜨거운 더위도 차가운 추위도 두렵지 않네　　不怕炎炎不怕寒
> _김인섭, 「금강구곡가―귀담」

『논어』「자한(子罕)」에서 안연(顔淵)이 스승인 공자의 도에 대해서 감탄하며 술회한 뒤에 "선생님께서는 차근차근

사람을 잘 이끌어 주시면서, 학문으로 나의 지식을 넓혀 주시고 예법으로써 나의 행동을 단속하게 해 주셨다.[夫子循循然善誘人 博我以文 約我以禮]"라고 말했다. 단계는 여기서 "공자와 안자가 전수한 지결 '박약[博約]' 두 가지는 죽는 순간까지 흠모하여 힘들다 하여 그만두어서는 안 되며 힘을 써서 구해야 한다.[此言 孔顔傳授旨訣 博約兩事 沒身鑽仰 不以困極而止 庶竭力以求之]"고 했다. 이렇게 두 가지로 심법을 밝히게 되면 추위와 더위 같은 주위의 환경에 흔들릴 일이 없을 것이므로, 무엇에도 두렵지 않다는 뜻을 마지막 결구와 같이 표현하였다. 흔들림이 없다는 것은 옮겨감이 없는 것으로 변하지 않는 도의 본체를 이야기한 것이다.

여덟 굽이 선담은 양쪽 언덕 사이로 열려	八曲船潭兩岸開
흐르는 물가에서 굽이지는 물줄기 감상하네	臨流堪玩水縈回
선산 멀리서 바라보니 천상인 듯하더니	仙山遙望如天上
걸어 여기까지 오고 보니 다시 또 올라가네	行到于今却上來

_김인섭, 「금강구곡가-선담」

여기서는 『중용장구』 제15장 1절에서 "군자의 도는 비유컨대 먼 곳을 갈 때 반드시 가까운 곳으로부터 하며, 높은 곳을 오를 때 반드시 낮은 곳으로부터 함과 같다.[君子之道 辟如行遠必自邇 辟如登高必自卑]"라고 한 것을 인용하였다.

기구와 승구에서는 선담의 경치를 읊고, 여기에 의탁하여 전구와 결구에서 그치지 않고 나아가야 할 도학의 가치에 대해 읊었다. 그리고 "차언 행원자이 등고자비 진진불이 자당행유소지(此言 行遠自邇 登高自卑 進進不已 自當行有所至)"이라는 주석을 달아 자신의 뜻을 설명하였다. 천상(天上)인 줄 알고 노력해서 닿았는데, 닿고 보니 또 더 올라가야 할 곳이 존재한다는 자연의 이치를 통해서, 멀고도 높은 도의 경지는 중단없이 전진하는 자세로 임해야 함을 말하고 있다. 낮은 곳과 가까운 곳에서부터 시작하여 단계를 밟고, 원하던 목표치에 도달한 다음에도 중단하지 않고 또 그 다음으로 나아가야 함을 마지막 결구를 통해 표현하였다.

아홉 굽이 화룡담은 시원하게	九曲火龍意爽然
밤낮으로 도도히 장천으로 흘러가네	滔滔日夜逝長川
중향성 둘러 늘어서고 풍류도 쌓여서	衆香環列風流蘊
고금으로 이 동천 이름을 드러내리	今古垂名此洞天

_김인섭, 「금강구곡가—화룡담」

아홉 굽이 마지막에서 단계는 첫 번째 서시에서 언급한 공자의 '서자여사부 불사주야(逝者如斯夫 不舍晝夜)'가 도도히 흘러 장천이 되었음(滔滔日夜逝長川)을 읊고 있다. 수미(首

尾)가 서로 호응을 이루고 있어 단계가 「금강구곡시」에 상당한 공력을 기울였음을 알 수 있다. 이 시는 "구곡이 시원하게 통하며, 진경에서 노닐려는 마음 언제나 존재할 터이니 그 이름을 고금에 남기게 될 것[此言 九曲將竅 豁然貫通 遊心眞境 從容自在 名留今古]"이라고 해설하였다. 찾는 사람이 많아질 것이므로 이름이 남을 것이라는 뜻을 전구와 결구에 담았다.

  10수의 시에 일목요연한 체계를 갖추고 도학의 원리를 금강산 만폭동의 비경과 팔담(八潭)을 채우고 또 흐르며 쉬지 않는 물에서 찾은 단계의 감식안과 비유 및 상징의 절묘함은 「금강구곡시」의 문학적 의의를 더욱 배가시키고 있다.

산수의 서정(抒情)을 통한
자아의 치유

「금강음이십일절」과 「금강구곡시」를 제외한 나머지 12수는 주로 산수 경관에 대한 묘사를 통해서 단계의 내면을 유추할 수 있는 시들이다. 단계는 유배 도중에 금강산 유람을 떠났다. 그러므로 그의 시에는 표면적으로 나타나는 경관에 대한 수사(修辭)뿐만 아니라 개인적인 내면의 술회도 나타난다. 무단 토호로 지목되어 부친의 시묘살이도 마치지 못하고 강원도 고성까지 유배를 떠나 금강산을 찾은 단계가 산수를 통해 토로해 내는 개인적인 서정에는 삶에 대한 고뇌와 초탈의 감정이 배어 있다. 유배지에서 유람을 떠났다는 것 자체가 달리 보면 일탈일 수도 있다. 그 일탈을 통해 그가 안착하게 되는 궁극의 감정이 무엇일까?

영원암 제일 깊고 그윽한 곳에 있어	靈源菴在最深幽
동천이 저절로 한 구역 되었네	洞府天成自一區

뭇 봉우리 늘어서 다투듯 우뚝하고 群峯據地爭峭拔
온 나무들 구름 속에 서로 빽빽하네 萬木干雲互疊稠
다시는 속세일 마음에 두지 않으려니 更無機事掛心裏
오직 仙風만 모자 쓴 머리로 부누나 惟有仙風吹帽頭
돌아서 다시 아득히 긴 휘파람 부니 旋復飄然長嘯下
이내 생 부질없이 탄식만 하게 하네 吾生堪歎跡如浮
_김인섭, 「방영원암」

단계는 20세의 젊은 나이에 문과에 급제하였으나 당시 정세가 여의치 않아 관직 생활을 정리하여 낙향하였으며, 재지 사족이면서 부친 해기옹 김령과 함께 단성농민항쟁을 주도하여 부친은 임자도로 유배를 가게 되었다. 해배되어 귀향한 부친은 유배의 영향으로 사망하였고, 단계는 무단토호로 지목되어 부친의 시묘살이도 마치지 못한 채 통천으로 유배를 갔다. 그에게 닥친 일련의 사건들은 가혹한 시련이었으며, 감정적으로는 억울한 누명이었다. 그런 그가 유람지 금강산에서 느끼는 감회는 어떠하였을까?

「방영원암(訪靈源菴)」의 경련과 미련에 그런 단계의 심회가 잘 나타나 있다. 경련에서 단계는 속세 일에 대해서는 마음에 두지 않으려 한다. 단순히 괘념치 않는 것이 아니라 '갱(更)'이라는 시어를 통해 지나간 자신의 삶에 대한 회한과 자신의 뜻과는 다른 세상에 대한 원망을 간접적으로 나타내고 있다. 선경을 완상하며 세상일을 단념하고자 하니 무심하게 한 줄기 바람 불어 머리를 식혀준다. 그리고 한숨 섞인 긴 휘파람 부니 자신의 '생이 부질없다.'는 탄식을 하게 만든다. 각고를 겪은 41세의 단계가 유배지에서 느끼는 이 감정은 이 순간까지의 단계의 삶을 한마디로 응축하는 의미를 지닌 표현이다.

이 절 분명 천 년이 되었는데	此寺分明歲已千
금강산 진면목 눈앞에 늘어섰네	金剛眞面列於前
눈송이 누군가 뿌린 것은 용문설이요	六花誰灑龍門雪
만 줄기 다투어 뽑은 것은 옥정련이네	萬朶爭抽玉井蓮
맑은 기운은 길이 머물러 하늘과 땅에 있는데	灝氣長留天壤在
높은 명예는 바로 해와 별처럼 멀리 있네	高名直與日星懸
누에서 하룻밤 묵으니 얼마나 맑은지	寄樓一宿淸如許
세상밖에서 뭇 신선이 있음을 비로소 알았네	世外方知有衆仙

_김인섭, 「정양사등헐성루차판상운」

이 시에서 단계의 심정은 경련과 미련에 나타나 있다. 경련에서 그는 맑은 기운은 늘 하늘과 땅에 있지만 높은 명예는 해와 별처럼 멀리 있다고 말한다. 인간의 영혼을 위해 필요한 '맑은 기운'은 사람들 곁에 있지만, 욕심으로 추구하는 높은 명예는 '해와 별'처럼 멀리 있어서 가지기 힘들다는 것이다. 그런데 그것을 억지로 가지려 하면 화가 될 수밖에 없다. 단계가 그것을 억지로 가지려 하지는 않았지만, 관직에 진출하여 그가 깨달은 현실은 요직은 정세(政勢)에 의해 좌우되며 그렇지 않으면 한직을 전전해야 한다는 것이다. 그러므로 그는 현직을 버리고 귀향하였다. 그런 그에게 일만 이천 봉이 늘어선 정양사 헐성루의 장관은 세상을 벗어난 별유천지(別有天地)의 선계(仙界)이다. 그렇게 세상을 벗어날 수 있는 선계가 존재하며, 그 속에서 세속의 허무를 청정(淸淨)함으로 치환할 수 있음을 그는 이제야 알게 되었다며 '방지(方知)'라 하였다. 이전에는 알지 못했던 비경을 통해 알지 못했던 경지를 깨달았으니 단계에게 금강산 유람은 인식의 전환을 도모하는 장이 되었다. 이 인식을 통하여 그는 '생의 부질없음'을 말했던 자신을 성찰하고 그 다음 단계로 나갈 수 있을 것이다.

팔월 통주를 출발하여	八月通州發
다시 해 뜨는 섬을 찾았네	重尋日出洲
흉금은 바다같이 넓은데	胸衿同海闊
자취는 부평초와 같다네	蹤跡等萍浮

이미 저절로 세상에 버려진 몸	旣自爲時棄
오직 이 해 끝나도록 노닐려네	聊將卒歲遊
영광스럽게도 그대들이	惠然二三子
나를 도와 또 풍류를 함께하네	助我又風流

_김인섭, 「해산정차이택당운」

이 시에서는 함련과 경련에 단계의 심정이 나타나 있다. 함련에서 자신이 가진 높은 뜻은 바다같이 넓지만 살아온 자취는 부평초 같다고 말한다. 큰 뜻을 품고 20살 젊은 나이에 과거에 급제했지만 세상은 자신의 뜻과 달랐으며, 관리들의 탐학과 부조리를 바로잡고자 했으나 그 결과는 참담했다. 그러므로 뜻은 높았으나 현실은 부평초처럼 부유하는 존재가 되었다. 이러한 현실로 인해 단계는 경련에서 자신을 '세상에 버려진 몸[時棄]'이라 하고, 지금은 노닐기만 하겠다고 말한다.

단계가 유배지에서 나주한 현실은 자신이 세상에서 버려졌다는 배신이다. 참담하기 짝이 없는 현실을 목도하고 그가 취한 행동은 지금은 유람을 떠나 당분간은 노닐기만 하겠다는 것이다. 이는 자신을 치유하기 위한 목적이기도 하다. 다행스럽게도 거기에 동행하는 사람이 있다. 그러므로 세상사와 현실을 잊고 풍류라 할 수 있을 만큼의 여유를 누릴 수 있게 된다. 그가 유배지에서 금강산 유람을 떠난 것이 단순히 거리가 인접해 있다는 이유만 작동한 것은 아니다. 그에게는 자연 속에서 자신을 긍정하고 세상과 타협할 마음을 추스릴 수 있는 시간이 필요했다.

칠성봉 아래 누선을 띄우니	七星峯下泛樓船
들쭉날쭉 바위들 앞뒤로 늘어섰네	錯落雲根繞後先
거꾸로 쏟아지는 황하는 적석에서 왔고	倒瀉黃河來積石
보내오는 흰 옥은 남전에서 나왔네	盡輸白玉出藍田
그대에게 청하노니 산중계라 말하지 말게	請君勿道山中桂
나를 위하여 바다 위 연꽃 또 살펴보려네	爲我且觀海上蓮
한 번에 얼마의 세월이 흘렀는지 모르니	一去不知幾歲月
구름 일고 새 나는데 천만년이 흘렀네	雲飛鳥過萬千年

_김인섭, 「해금강」

이 시에서는 경련과 미련에 단계의 심정이 나타나 있다. 여기에서 단계는 '산중의 계수나무[山中桂]'라는 말을 사용했다. 이는 한(漢)나라의 회남왕(淮南王) 유안(劉安)이 지은 「초은사(招隱士)」에 "계수나무 무더기로 자라누나 산골 깊은 곳에, 꼿꼿하고 굽은 가지 서로 얽히었네.[桂樹叢生兮山之幽 偃蹇連卷兮枝相繚]" 한 데서 나온 말로, 세속을 피해 산림에 숨은 은사를 형용할 때 인용되는 말이다. 자신을 은사로 칭하는 것이 탐탁지 않았던 모양이다. 그래서 자신은 바다 위를 유람도 하며 즐기고 싶다는 뜻을 드러내었다. 해금강에는 작은 섬들이 바다에 많이 떠 있으므로 그것을 연꽃이라고 묘사하였다.

그렇게 즐기더라도 시간은 쏜살같이 흘러 잠깐의 시간이 얼마의 세월이 될지 모르니, 구름이 일고, 새가 나는 짧은 순간도 천만년이 될 수 있다고 말한다. 결국 인간은 영겁의 세월 속에서 보면 짧은 순간을 사는 존재에 불과하니, 눈앞의 그 순간에 자신을 위한 시간도 안배해야 한다는 뜻을 나타내었다. 이 시는 인간의 생명이 유한하고 짧음을 깨달아 세상의 평가에 초탈한 단계의 모습을 보여준다.

상제의 조정에서 칼과 패옥 찼던 성관이	劍佩星官上帝朝
흰 머리로 천 리 먼 곳까지 찾아왔네	白頭千里勢來遙
인간 세상 작별하고 속세를 벗어나서	直辭煙火超塵世
운림 겹겹의 돌다리 몇 차례나 건넜는지	幾度雲林疊石橋
어찌 저처럼 저마다의 모양을 가졌겠나	豈有似佗難色色
자연은 이처럼 쓸쓸하지 않다네	自然如此不寥寥
신선의 음악 바람결에 하늘 밖에서 들리니	仙樂風飄天外聞

| 분명 왕자교의 퉁소 연주이리라 | 分明王子奏笙篴 |

_김인섭, 「만물초」

 이 시는 금강산의 만물초를 보고 읊은 시이다. 만물초는 세상 모든 만물의 모습을 가진 바위들이 모여 있다고 하여 만물초라고 한다. 이곳의 경관을 두고 수련에서는 하얀 바위산이 늘어서 성관(星官)이 찾아온 것이라 하였다. 그런데 이것은 조정에서 벼슬하던 단계 자신이 나이 든 몸으로 멀리 금강산까지 찾아온 것으로도 볼 수 있다. 함련에서 세상과 작별하고 몇 차례나 돌다리를 건너 찾은 곳이 '만물초'임을 볼 때 힘겹게 이곳을 찾은 단계의 모습으로도 이해할 수 있는 부분이다.

 경련에서는 만물초의 형상이 수만 가지로 다양함을 자연의 자연스러운 이치라고 풀어내고 있다. 같은 것 하나 없이 다양한 모습들이 조화를 이루어 완성된 결과물인 자연은 그 자체로 완전하기 때문에 부족함이나 과함이 있을 수 없다. 그런 자연 속에서 부족하고 부질없으며, 세상에 버려진 존재라 생각했던 단계는 자신에 대한 부정적 인식을 극복하고 자연에 동화되어 온전히 몰입된 모습을 보여준다. 마지막 미련에서 왕자교(王子喬)의 퉁소 소리를 읊은 것으로 이를 나타내었다. 주령왕(周靈王)의 태자인 왕자교는 퉁소를 불어서 봉황의 울음소리를 잘 내었는데, 선인 부구공(浮丘公)에게서 도를 배워 구씨산(緱氏山)에서 백학을 타고 승천했다고 전한다. 신선이 된 왕자교를 소환하여 현실을 초탈하고 탈속의 경지에 도달한 단계의 모습을 보여준다.

김인섭의 '금강산시'를 기리며

　김인섭은 자신을 드러내어 행동하기보다 내면으로 부단히 자신을 경계하고 성찰하는 유학자였으며, 온축된 내적 수양의 결과를 사회적 실천으로 보여준 전근대와 근대 사이의 과도기적 지식인이다. 그는 성찰하는 유학자, 중농을 실천하는 지식인, 애민과 민본을 저변으로 하는 현실 인식 등 조선의 봉건주의적 유학자와는 결이 다른 모습을 보여주었다. 탐학과 부패, 농민에 대한 수탈로 서서히 망국으로 치닫고 있는 조선에서 나름의 변화를 추구하며 민본을 실천했던 지식인으로서 그가 창작한 금강산시도 여타 유학자들과는 달리 조금 상이한 모습을 보여주었다.

　대부분의 유람시는 승경에서 느끼는 감흥이 시문 창작의 주요 소재가 된다. 그러나 단계의 금강산시는 유배시와 유람시, 도학시의 복합적인 성격을 띠고 있다. 「금강음이십일절」은 명소마다 전하는 일화를 시에 인용하여 시상을 전개하였으며, 수백 년 동안 전승된 일화의 내용을 원용하기도 했다. 이를 통하여 19세기에 이르도록 금강산 유람과 유람록은 사대부를 중심으로 지속적인 관심과 탐독의 대상이었음을 확인할 수 있다. 그리고 전승된 일화에 착안하여 그 나름의 시정(詩情)을 가미한 묘사를 하고 율격을 갖춤으로써 산문과는 다른 정제미를 느낄 수 있도록 하였다.

주희의 「무이도가」에 차운한 「금강구곡시」에서는 공자와 안자가 전수한 '박약'의 지결을 생을 마칠 때까지 존숭하여 힘들다고 하여 그만두지 말고 힘을 다하여 구하고, 가깝고 낮은 곳에서부터 멀고 높은 곳으로 나아가며 멈추지 않는다면 당연히 도달하는 곳이 있게 된다고 하였다. 이 모든 과정을 시원하게 관통하여 '진경에서 노니는 마음'으로 '도에서 노닌다.'면 그 가운데 도가 존재하게 되어 종국에는 이름을 고금에 남기게 됨을 보여주었다.

「금강구곡시」는 10수의 시가 일목요연한 체계를 갖추고, 도학의 원리를 금강산 만폭동의 비경과 팔담(八潭)을 채우고 또 흐르며 쉬지 않는 물에서 찾은 단계의 감식안과 비유 및 상징의 절묘함은 「금강구곡시」의 문학적 의의를 더욱 배가시키고 있다.

「금강음이십일절」과 「금강구곡시」의 빼어난 경치에 대한 감상을 읊고 개인적인 서정을 가미한 시에서는 다양한 모습들이 조화를 이루어 완성된 결과물인 자연 속에서 부족하고 부질없으며, 세상에 버려진 존재라 생각했던 단계가 자신에 대한 부정적 인식을 극복하고 자연에 동화되어 온전히 몰입된 모습을 보여준다.

단계의 금강산시는 많지 않은 편수지만 42수에 드러난 소재와 주제의 다양성은 여타의 유람시와는 다른 양상을 보여주며 유람시와 유배시, 도학시라는 적절한 혼용을 보여주고 있다. 금강산을 소재로 한 시편에서 다양한 형식과 주제를 보여주며 변화를 추구하는 시작(詩作)은 자주 접할 수 있는 작품은 아니다. 단계만의 문학적 취향과 성취를 보여주는 작품으로, 이런 시작이 나오게 된 배경에는 단계가 유배객 신분으로 유람을 떠났으므로 자연에 대한 감흥만을 소재로 시를 읊조리기에는 자신의 처지가 적절하지 못했던 상황이 일정한 작용을 했다. 그리고 근대전환기라는 과도기적 지식인으로서 변화를 추구하려는 성향도 일정한 영향을 미쳤다.

금강산은 조선 시대의 유림에게 평생 한 번은 가보고 싶은 유람지였으며, 수많은 인물이 유람록을 남긴 문학의 보고이기도 하다. 뛰어난 경관이 유람을 위한 완상처가 되고, 절경을 향유하는 이들의 영감을 자극하여 시·서·화 등 문학, 예술의 결과물이 양산되는 문화적 공간이거나 속세를 떠나 세속적 욕망의 좌절에 대한 치유를 얻고자 하는 이들의 치유 공간이기도 하였다. 단계의 금강산시는 금강산이 지닌 이러한 공간적 의미를 일화, 도학, 서정의 표출이라는 세 가지 방향의 연작시를 통해 드러내었다. 각 시에서 거기에 부합한 공간으로 거듭나는 금강산의 새로운 면모와 해석을 확인할 수 있다. 특히 만폭동의 팔폭과 흐르는 물줄기에서 '구도(求道)의 원리'를 찾아 체계적으로 제시한 단계의 문학적 시선은 이전에는 없던 금강산이라는 공간을 해석하는 새로운 시각을 제시하고 있다.

두곡서당 : 김인섭의 학덕을 기리기 위해 후학들이 세워서 강학하던 공간이다.

마치는 글

금강산의 9대 절경을 그리워하며

남효온은 「유금강산기(遊金剛山記)」에서 금강산을 일컫는 이름은 여섯 개가 있다고 하였다. 그 이름은 개골산(皆骨山), 풍악산(楓岳山), 열반산(涅槃山), 지달산(怾怛山), 금강산, 중향성(衆香城)으로 이 중에 우리가 지금 부르고 있는 금강산이라는 이름은 화엄경에서 유래한 것이라고 하였다.

그리고 중국의 사신 정동(鄭同)이 금강산에 유람 왔을 때 그의 수하인 한 사람이 만폭동의 벽하담(碧霞潭)에 이르자 "이곳이야말로 진정 부처의 세계이니, 여기서 죽어 조선 사람이 되어 길이 부처의 세계를 보렵니다."라는 말을 하고 물에 몸을 던져 죽었다고 한다. 금강산이라는 이름이 화엄경에서 유래되었고, 금강산에는 100여 개에 가까운 절과 암자들이 있으며, 사람의 발길이 닿기 어려운 골짜기마다 곡기를 끊고 수도하는 수도승들이 많아 금강산은 '불교의 산'으로 인식된다. 그러니 이곳을 부처의 세계라고 보는 것도 무리는 아니지만, 거기서 목숨을 끊을 정도라면 어느 정도의 감흥을 얻어야 가능한 것인지 가늠하기가 쉽지 않다.

또한 금강산은 중국인들조차 '원컨대 조선국에 태어나, 금강산을 한 번 보고 싶네.[願生朝鮮國, 一見金剛山]'라는 시구를 짓기도 할 정도였으니, 그 빼어난 경치는 중국인들조차 많이 그리워하고 동경했음을 알 수 있다. 선인들이 남긴 '금강산 유람록'을 보면 금강산은 우리나라뿐만 아니라 중국인들도 인정하는 경치가 뛰어난 곳이라는 것을 알 수 있다.

그러면 이렇게 경치가 뛰어난 금강산을 찾은 선인들은 과연 금강산의 어떤 곳을 구경하였으며, 어느 곳을 가장 좋아하였을까? 일만 이천 봉 곳곳, 굽이굽이마다 쏟아지는 계곡과 폭포들, 신선이 사는 곳이라 여겨지는 신령스러운 골짜기, 그 속에서 피어나는 운무와 형형색색의 단풍으로 물결치는 그림 같은 경치 등 금강산의 아름다움은 이루 말로 다 표현하기가 어렵다고들 한다. 그럼에도 이런 명소(名所) 중에서 '금강산 유람록'을 살펴보면 오늘날 우리가 높은 산에 올라 표지석 앞에서 반드시 '인증샷'을 찍어 기록으로 남기는 것처럼, 옛날에도 금강산을 유람하는 유람객이라면 반드시 찾는 곳이 있었다.

이는 수백 년의 세월을 두고 금강산을 찾는 사람들이 선인들의 글을 읽고 알게 된 사실들로 금강산 유람객들의 공통된 관심사였다고 할 수 있다. 조선 시대 선비들이 금강산에 가서 반드시 찾아보고, 구경한 것이 무엇이었을까?

첫 번째 금강산 유람객들은 금강산에 들어가면 제일 먼저 금강산 전체를 조망할 수 있는 조망처를 찾았다. 유람록에 나오는 금강산을 조망할 수 있는 곳으로는 '단발령', 정양사의 '헐성루', '비로봉' 등을 꼽을 수 있다. 단발령은 기호지방에서 금강산에 들어갈 때 반드시 넘어야 했던 고개로 고려 태조가 비로봉을 바라보고 예를 드리며 머리카락을 잘라 나뭇가지에 걸어 불가의 세계로 들어가고자 하는 뜻을 드러내었다고 하는 곳이다. 이곳에 오르면 금강산 일만 이천 봉이 비로소 눈에 들어온다. 그리고 비로봉은 금강산의 제일 높은 봉우리로 금강산 전체를 조망할 수 있는 조망처이지만 높고 험준하여 접근하기가 힘들었으므로 금강산을 찾은 유람객들은 비로봉에 오르지 않고 바라만 보고 지나친 사람들이 많았다. 이들 중에 유람객들이 제일 조망처로 꼽은 곳은 정양사에 있는 '헐성루'다.

 김득신은 「금강산록」에서 지인의 말을 빌려 "금강산을 보고자 하면 바로 정양사에 가서 헐성루에 올라 3일을 머물면 올라가는 수고를 하지 않고도 여러 봉우리를 다 볼 수 있다."고 했는데, 그 말이 맞는 말이라고 하였다. 이 외에도 이경석은 「풍악록」에서 "여러 절이 마주하고 있는 뭇 봉우리들이 모두 이 누대 앞에 모여 있으니, 참으로 일만 이천 봉이 모두 모인 곳"이라고 하였으며, 이하진은 「금강도로기」에서 "금강산 일만 이천 봉은 어떤 것은 뾰족하고 어떤 것은 빼어나지만 이 헐성루에서 보이지 않는 것이 없다."라고 하였다.

 이처럼 대부분의 유람객은 정양사의 헐성루를 금강산을 조망할 수 있는 최고의 장소로 꼽았다. 실제로 헐성루에 올라 금강산을 조망하고 금강산 유람을 그만둔 사람이야 없지만 일만 이천 봉 빼어난 경치를 이보다 더 잘 볼 수 있는 곳이 없다고 하니 금강산에 가게 되면 꼭 찾아보고 싶은 곳이기도 하다.

 두 번째 유람객들은 만폭동에서 '봉래풍악 원화동천(蓬萊楓嶽元化洞天)'이라고 새겨진 양사언의 초서를 찾았다. 금강산을 찾는 사람들은 반드시 이 글씨를 찾아보고, 글씨에 대한 평가를 했는데, 유람객들이 남긴 평가의 말들도 아주 다양했다.

노경임은 「유금강기」에서 "구불구불하여 용과 뱀이 서려서 굽은 모습으로 또한 하나의 뛰어난 자취이다."라고 하였으며, 정엽은 「금강록」에서 "생동하는 글씨가 마치 용이나 뱀처럼 꿈틀거렸으며, 지금도 자획이 잘못되거나 이지러지지 않았다."고 하였다. 최유해는 「영동산수기」에서 "필력이 기굴(奇崛)하여 마치 교룡(蛟龍)이 분노하며 벌떡 일어나는 듯하였다."고 하였으며, 김득신은 「금강산록」에서 "여덟 글자는 지금까지 구불구불 꿈틀거리며 황홀하기가 마치 교룡(蛟龍)이 뛰어올라 날아오르는 형상 같았다."고 하였다. 이 외에도 "용이 꿈틀대고 사자가 낚아채는 듯한 필치가 산세와 웅장함을 겨루려는 듯했다." 등 양사언의 글씨에 대한 평가는 유람록에서 빠지지 않는 한 부분이었다.

여러 사람의 평가들을 토대로 양사언의 글씨를 유추해 보면 글자 크기는 방석만 하고, 획의 크기는 정강이만 하며, 구불구불 꿈틀거리며 교룡이 뛰어 날아오르는 듯한 형상으로 산세와 웅장함을 겨루고 있는 모습이다. 이 글씨는 양사언이 회양 부사로 있을 때 쓴 글씨로 오늘날까지도 만폭동의 너럭바위에 그대로 전하고 있다.

 세 번째 유람객들은 금강대를 찾아 금강대 위에 있는 학에 대해 그 존재 유무를 알아보았다. 금강대의 학에 대한 기록은 이원의 「유금강록」에 처음으로 나오는데, "학 한 쌍이 푸른 절벽 사이에 둥지를 틀고 있는데, 이름을 불러 나오라고 하면 나오고, 들어가라고 하면 들어간다."고 하였다. 말을 알아듣는 듯한 이 학에 대한 이야기는 금강산의 승려들이 전한 말로 대부분의 유람객은 승려들이 학이라고는 하지만 실제로는 학이 아니라는 견해를 밝혔다. 그다지 중요할 것 같지 않은 이 내용이 유람록마다 기록되어 있으며, 유람객마다 거기에 대해 한마디씩 남겼는데 아마도 직접 자신의 눈으로 변별해 보고 싶은 욕심이 있었기 때문에 찾은 것이 아닌가 싶다.

 홍인우는 「관동록」에서 "푸른 학이 이곳에서 늘 새끼를 쳤는데, 올해는 어디로 갔는지 모르겠다."라고 기록하였으며, 이정귀는 「유금강산기」에서 "대 위의 바위틈에 학 둥지가 있었는데, 둥지는 비어서 학이 없었다."고 하였다. 홍여하는 「풍악만록」에서 "학의 둥지가 있었는데, 돌이 떨어져 둥지가 기울어져서 학이 오지 않은 지 벌써 수

십 년이 되었다."고 하며 돌아오지 않는 학에 대한 아쉬움을 한마디씩 전했다.

네 번째 유람객들은 만폭동의 보덕굴을 꼭 찾았고, 거기에 대한 기록도 한마디씩 남겼다. 보덕굴에는 벼랑 끝에 쇠기둥을 세워 그 위에 지은 작은 암자 보덕암이 있었다. 벼랑 끝에 매달린 새둥지 같은 이 암자는 그 모습의 특이함과 지어진 구조의 특이함으로 인해 유람객마다 이곳을 찾아 그 기이함에 관해 이야기하도록 하였다. 그리고 직접 보덕굴에 들어가 본 뒤에는 사람이 디딜 때마다 삐거덕거리는 소리가 나고 흔들리는 암자 때문에 모두들 진땀을 빼곤 하였다. 그리고 이 보덕암에는 바닥에 절벽 아래를 볼 수 있는 작은 문을 만들어 그 문을 열면 천 길 벼랑이 보이게 만들어 두었다. 유람객들은 그 문을 열어보고는 그 아찔한 광경에 할 말을 잃곤 하였다. 오늘날 높은 곳에 올라 관광객들에게 아찔함을 선사하는 스카이워크와 비슷한 역할을 한 것이다.

다섯 번째 유람객들은 마하연암에 들러 계수나무에 관한 이야기를 했다. 그 내용은 금강산의 승려들이 마하연암에 있는 큰 나무를 계수나무라고 하는데 실제로 변별해보니 계수나무는 아니라는 이야기이다. 양대박은 「금강산기행록」에서 "계수나무가 서리 내린 뒤에 꽃을 피우고 본래 열매가 없음을 전혀 모르니, 이들의 허탄하고 망령된 말이 가소로웠다."라고 하며 승려들의 무지함을 비웃었다.

이 마하연암의 계수나무에 관한 이야기는 유람록마다 등장한다. 이유는 알 수 없지만 앞선 유람자들이 언급한 사실에 대해 뒷사람들이 변별하고 싶은 뜻도 있는 것으로 보이고, 한편으로는 승려들이 유람객들에게 매번 계수나무라고 일러주니 그 허탄함을 지적한 것으로도 보인다.

그런데 이 계수나무가 베어졌다는 기록이 17세기 이후의 유람록에서 나온다. 임홍량은 「관동기행」에서 "군수의 아들이 그 나무를 잘라서 가져가고 뿌리를 불살라 그 흔적을 없애버려 그 불탄 흔적만 남았다고 하니 참으로 경악할 일이다."라고 하였으며, 조정만은 「유금강소기」에서 "옛날에는 몇천 년, 몇백 년이 되었는지 알 수 없는 큰 계수나무 한 그루가 있어, 남효온(南孝溫)과 이원(李黿)과 같은 여러 현인의 유람록에 모두 기록되어 있는데, 몇 년 전 관을 만드는 재목을 구하는 사람이 베어 가고 뿌리를 파 없앴다며 사는 승려는 탄식을 그치지 않았다."고 한다. 기록에 의하면 이 나무는 금강산에서 몇 그루 안 되는 아름드리나무였는데, 선인들이 금강산에서 반드시 찾았던 하나의 명물이 없어진 셈이니, 몇백 년의 세월을 뛰어넘은 지금의 우리로서도 아쉬운 일이라 하겠다.

여섯 번째 금강산을 찾은 유람객들은 17세기까지는 장안사, 표훈사, 정양사, 보덕암, 마하연암, 유점사 등의 사찰을 찾았으며, 18세기에 들어서는 4대 사찰 중 하나로 일컬어지는 신계사를 찾았다. 신계사는 18세기 이후 주요 방문 대상이자 숙소가 되었다. 이 사찰 중에서 유람록마다 유점사의 창건에 대한 기록을 자세하게 전한다. 이 기록은 고려 시대 사문(斯文) 묵헌(默軒) 민지(閔漬)가 지은 사적기에 전한다. 그 내용의 대략은 "53구의 불상이 돌로 된 종을 타고 서쪽 천축(天竺)으로부터 바다를 건너와서 고성의 해안에 도착하여 유점사로 옮겨와 절을 창건하게 되었다."는 것이다.

이 이야기는 유점사에 가는 모든 유람객에게 승려들의 이야기나 민지의 기록을 통해서 전하며, 이와 동시에 유람객들은 그 이야기가 허탄하며 황당하다고 지적한다. 남효온은 「유금강산기」에서 유점사의 창건과 관련된 이 이야기에 대해 "일곱 가지 큰 망언이 있으니 하나도 취할 만한 것이 없다."며 조목조목 근거를 제시하며 반박하였다. 그 유래가 어찌 되었건 우리는 금강산의 사찰에 대한 재미있는 창건 이야기를 하나 전해 들을 수 있게 되었다.

일곱 번째는 유람객들이 눈으로 즐기는 놀이이다. 발연에는 수십 길의 폭포가 옆으로 비스듬히 누워 있어 발연암의 승려들이 여기에서 치폭(馳瀑)이라는 놀이를 하였는데 금강산 유람 중에 빠지지 않는 하나의 구경거리였다.

이것은 오늘날 물미끄럼틀 타기와 비슷한 놀이인데 주로 승려들이 발연의 계곡에 몸을 담근 채 물을 따라 떠내려가고, 유람객들은 구경하면서 승려들이 실수하거나 뒤집어지기도 하면 박장대소하며 웃었다. 남효온은 본인이 직접 폭포를 타보고 "여덟 번을 내려가서 여섯 번을 바로 내려갔다. 바위 위로 나와 손뼉을 치며 크게 웃었다."라고 하며, 직접 그 놀이를 경험하기도 하였다. 금강산을 찾은 유람객들에게 승려들은 이 놀이를 직접 시연하며 유람객들의 웃음을 자아내기도 하고, 놀라움을 유발하기도 하였다. 이 치폭 놀이는 금강산의 승려들이 금강산을 찾은 유람객들에게 선사하는 특별 공연이었다.

여덟 번째 동해안을 거쳐 외산쪽으로 금강산에 들어간 유람객들과 금강산 유람을 마치고 동해안 유람을 시작하는 유람객들이 반드시 찾은 곳이 삼일포와 해산정이다. 삼일포에는 사선정과 단서암이 있었으니, 이도 빠지지 않고 확인하는 유적이었다. 유람객마다 삼일포에서 배를 타고 단서암의 '술랑도남석행(述郞徒南石行)' 여섯 글자를 찾으려고 하니, 고을 사람들이 유람객들을 배로 안내하는 것이 괴로워서 글자를 깎아내어 없애버리려 했다고 한다. 그러니 얼마나 많은 사람이 찾았는지 짐작해 볼 수 있는 유적이다.

해산정은 대부분의 유람객들이 금강산 유람을 마치고 동해안의 삼일포, 총석정 등을 유람할 때 숙박했던 곳이다. 경치 또한 뛰어나서 유창은 「관동추순록」에서 다음과 같이 섬세하게 기록하고 있다.

> 고성의 가장 높은 곳에 자리 잡고 있었는데, 동쪽으로는 푸른 바다가 보이고, 서쪽으로는 비로봉을 마주하고 있으며, 북쪽으로는 응암(鷹巖)을 지고, 남쪽으로 강이 흘러가는 것을 굽어보고 있다. 바다 입구에는 바위 봉우리가 마주하고 서 있는데, 그 수가 일곱 개나 되었다. 햇빛이 반사되어 찬란히 비치면 바위 색깔이 눈같이 하얗게 되어 가장 뛰어난 경치가 되었다.
> _유창, 「관동추순록」

그리고 이명준은 「유산록」에서 "해산정이 죽서루(竹西樓)보다 경치가 뛰어난데도 관동팔경에 들지 않은 것이 괴이하다."고 했다. 이렇게 유람객마다 해산정의 뛰어난 경치를 극찬하였다. 이명준의 말대로 '관동팔경'에 들지 않아 세상 사람들에게는 실제 경치의 아름다움이 덜 알려진 곳이기도 하다.

아홉 번째로 유람객들은 동해 가에 서 있는 육각형 모양의 돌기둥으로 우뚝한 총석정을 찾았다. 총석정은 네 개의 기둥이 따로 서 있어서 사선봉(四仙峰)이라고도 부른다. 유람객은 이 총석정의 돌기둥에 대해 바위를 다발로 묶은 듯하다고 표현하였으며, 깎아 세운 듯한 기이함과 교묘함에 조물주의 조화를 감탄하였다. 이 총석정에서 배를 띄워 금란굴(金蘭窟)과 국도(國島) 등을 구경하였으며, 물에서 전복, 소라, 홍합 등을 따서 술을 마시며 한껏 흥을 돋우어 즐기는 것이 유람객들의 일정이었다.

이상에서 이야기한 아홉 곳은 금강산 유람을 요약하여 나타내는 곳이라 할 수 있다. 거의 모든 유람록에 빠지지 않고 등장하는 이야기가 이 아홉 곳에 관한 이야기이며, 유람객들은 선인들의 발자취를 따라 같은 곳을 찾고, 같은 대상에 대한 평을 남겼다.

금강산 관광이 중단된 지 여러 해가 지났다. 그러나 언젠가는 꼭 재개되리라 생각한다. 금강산 관광이 재개되어 금강산을 찾게 된다면 이 아홉 곳의 뛰어난 경치를 찾아보고, 유람록에서 나오는 것처럼 여기에 얽힌 이야기들을 직접 찾아보며 경험해 보는 것도 좋으리라는 생각이 든다. 그런데 안타까운 점은 이 아홉 곳의 대부분이 금강산의 '내산(內山)', 즉 '내금강'에 있다는 점이다. 금강산 관광이 시행되었을 때도 개방된 곳은 주로 금강산의 '외산(外山)', 즉 '외금강'에 해당하는 지역이어서 이 아홉 곳 중 갈 수 있는 곳은 '삼일포' 뿐이었다. 그리고 보면 금강산 관광이 시행되기는 했지만, 그 금강산 관광에서 우리는 선인들이 보고 즐겼던 금강산의 진경은 제대로 보지 못했다. 언젠가는 우리도 이 모든 금강산의 진경을 모두 구경할 수 있는 날이 있기를 빌어본다.

지향처가 있는 떠남은 새로운 발견을 전제하고 있다. 그 새로운 발견은 숙원일 수도 있고, 일시적인 감흥의 촉발에 의한 결과일 수도 있다. 원인이야 어떻든 '떠남'으로 인해 접하게 되는 세상은 내 안의 열망을 채워주고 또 비우기도 하며 새로운 세계에 눈을 뜰 수 있도록 해 준다.

그렇게 얻은 새로움이 열망이었다면 내 안의 묵은 바

람이 해소되어 새로운 에너지로 채워지는 만족감을 경험하게 될 것이고, 일시적인 감흥의 촉발이라면 순간의 감흥은 새로운 세상을 열어갈 힘을 줄 것이다. 그래서 떠난다고 하는 것은 이전의 나와는 다른 나를 전제하고 있는 것인지도 모른다.

새로운 세상에 대한 경험이 내 안으로 들어와 감정적인 소화를 거쳐 육신뿐만 아니라 정신적 성장을 도모할 수 있도록 길을 터주게 되면 그것은 다른 의미의 '치유'라 할 수 있다. 그래서 금강산 유람은 옛사람들의 '치유'이고, 그들의 기록을 통한 '누워서 거닐기[와유(臥遊)]'는 오늘을 사는 우리의 간접경험을 열어주는 '치유의 길'이 될 수 있다.

옛사람들은 숙원으로 금강산을 찾기도 하고, 신병(身病)을 치유하기 위한 목적으로 금강산을 찾기도 하고, 유배지와 가까워 찾기도 하고…. 그 이유는 다양하지만, 금강산을 찾은 이들이 공통으로 느낀 것은 자연의 경이로움과 신비함에 대한 감동이다. 그것이 오늘이라고 하여 다르지는 않을 것이다. 자연의 경이로움에 대한 감동은 분명 또 다른 의미의 '치유'가 된다.

사람이 감동할 때 나오는 '다이돌핀'이라는 호르몬은

기쁠 때 나오는 '엔돌핀'보다 몇 배나 더 강한 치유 작용을 한다고 한다. 감동을 통한 치유... 그래서 금강산으로 유배를 간 단계 김인섭은 자신 안에 쌓인 울분과 회한을 금강산 유람을 통해 해소하고 한결 가볍고 여유로워진 자신을 맞이하지 않았던가? 그것은 새로운 나와의 조우이다.

 금강산... '고슴도치의 사랑'처럼 가까이 다가가려 할수록 더욱 아픈 지금은 갈 수 없는 곳... 그러기에 가고 싶은 열망은 풍선처럼 부풀어 오르기만 하는지도 모르겠다. 그 열망이 모여 하늘에 닿으면 우리는 또 그곳을 가게 될 수도 있지 않을까? 열망이 이루어질 날을 고대하며 금강산 골짜기 하나, 봉우리 하나, 암자 하나 정도는 마음에 품고 있어도 되지 않을까? 마음속에 고이 간직하고 있다가 인연이 닿은 어느 날에 그 봉우리, 골짜기, 암자를 꿈처럼 현실로 마주할 수 있게 되기를 바라본다.

통일전망대에서 바라본 금강산
산능선 너머 하얗게 구름 덮인 산이 금강산이고,
앞에 보이는 도로가 금강산 육로관광길이다.

Collectio Humanitatis pro Sanatione XI

금강산을 누워서 걷노라니

초 판 1쇄 2024년 09월 25일

지은이 이영숙
펴낸이 류종렬

펴낸곳 미다스북스
본부장 임종익
편집장 이다경, 김가영
디자인 임인영, 윤가희
책임진행 김요섭, 이예나, 안채원
표지 일러스트 김명수 〈달 담은 淵_홍룡사〉
저자 일러스트 신노을
책임편집 최금자, 김남희, 류재민, 배규리, 이지수

등록 2001년 3월 21일 제2001-000040호
주소 서울시 마포구 양화로 133 서교타워 711호
전화 02) 322-7802~3
팩스 02) 6007-1845
블로그 http://blog.naver.com/midasbooks
전자주소 midasbooks@hanmail.net
페이스북 https://www.facebook.com/midasbooks425
인스타그램 https://www.instagram.com/midasbooks

ⓒ 치유인문컬렉션 기획위원회, 미다스북스 2024, *Printed in Korea*.

ISBN 979-11-6910-811-9 03100

값 18,000원

※ 이 컬렉션의 발간을 위해 도움 주신 (주)오픈헬스케어에 감사를 드립니다.
※ 이 책에 실린 모든 콘텐츠는 미다스북스가 저작권자와의 계약에 따라 발행한 것이므로 인용하시거나 참고하실 경우 반드시 본사의 허락을 받으셔야 합니다.

미다스북스는 다음세대에게 필요한 지혜와 교양을 생각합니다.